学ぶ人は、
変えて
ゆく人だ。

目の前にある問題はもちろん、
人生の問いや、
社会の課題を自ら見つけ、
挑み続けるために、人は学ぶ。
「学び」で、
少しずつ世界は変えてゆける。
いつでも、どこでも、誰でも、
学ぶことができる世の中へ。

旺文社

これだけ！

ミニマム漢文

河合塾講師
髙橋佳典
西川正洋
江久実
稲冨雄亮
著

共通テスト・私大マーク式

旺文社

はじめに

みなさん、漢文好きですか？

残念ながら「できれば敬遠したい。でも、入試で出るから……」という人も少なくないのでは？

ご安心ください。「しっかり学習しないといけないとはわかっている（＝敬（けいス））けれど、やりたくない（＝遠（とほザク））なあ」と思ってくれているのなら、「漢文を得点源にできる資格あり」です。しかも十分に。

「漢文は句形を暗記すれば何とかなると聞いていたのに、それでは上手くいかないぞ」という受験生の声をよく耳にします。句形を丸暗記しただけでは、なぜ漢文が読めるようにならないのでしょうか。その答えは単純明解。獲得した句形の知識を読解の武器として使いこなせてはじめて、漢文を読解する条件が一つ揃（そろ）うのです。

でも、句形の知識だけでは、残念ながら不十分。漢文の読解力を向上させるために、次の三つの事項を念頭に置いて学習してください。

❶ **漢語に習熟**する。↓どんな科目の学習でも、よくわからない**漢語は辞書で調べる**。
❷ **外国語（昔の中国語）であることを意識**する。↓**原文の語順に注目**して構造を捉える。
❸ **句形を完全に習得**する。↓**句形を形成する字と構造を理解**する。

そして、何よりも**本書をしっかり学習**してください！

さあ、書き下し文に頼り切るのではなく、本物の漢文の世界に飛び込んでみましょう！

著者

もくじ

編集協力 株式会社 研文社
そらみつ企画／横浜編集事務所／
荒明哲子／國本美智子
イラスト キタハラケンタ
装丁デザイン 相馬敬徳（Rafters）
本文デザイン 大貫としみ（ME TIME）

本書の特長と使い方

本書は、共通テスト・私大マーク式試験で必要とされる漢文のポイントを、必要最小限にしぼって示した参考書です。「文の構造」を理解して、漢文を読解できるようになることをめざします。

まず、「1章　漢文の構造」で、基本的な構造の型を学びます。2章以降でも、「文の構造」に着目しながら必須のポイントを習得し、漢文を確実に読解して、得点する力を身につけられます。

これだけ！ 基本句形について、必ずおさえておきたいポイントを整理しました。右側のページの内容とあわせて、ポイントを確認しましょう。

句形 基本句形を、簡略な形で示しています。
＊2章では、必須のものを除き、述語にあたる語の活用形は示していません。付録「基本句形一覧」では、述語の活用形も含めて示しています。

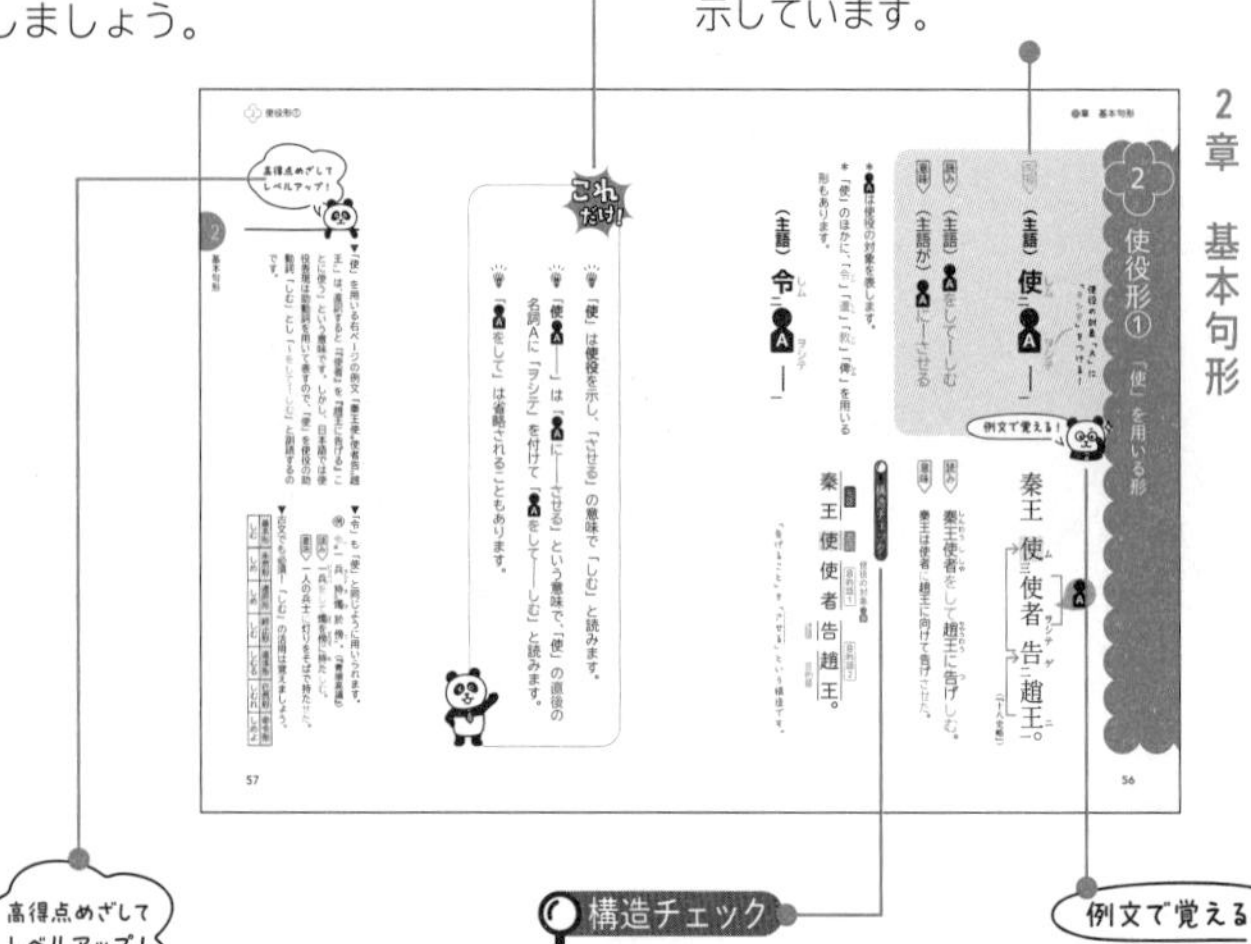

高得点めざしてレベルアップ！ 共通テストでも問われる学習事項を詳しく解説しています。時間に余裕のある人はここまで読んで、高得点をめざしましょう！

構造チェック 例文の構造を示しました。構造を捉えると、漢文を理解しやすくなります。
＊黒矢印は、修飾関係を示しています。

例文で覚える！ 句形は、わかりやすい例文で覚えると、理解しやすく、知識が定着します。
＊赤矢印は、読む順番を示しています。

1章

漢文の構造

1章では、漢文をどのように読めばよいのか、基本事項を一から説明します。漢文は、日本語とは語順が違うので、語順に注意して「文の構造」をつかむことが、漢文学習の基礎となります。

1 漢文とは？

まず、漢文がどのようなものなのか、しばしば用いられる例文で見てみましょう。

漢文の読解は、**原文（古典中国語）の構造を捉える**→**文意を考える**→**日本語の古文に直訳する（→書き下し文に改める）**という順で進めます。

❶ 漢文の原文＝**古典中国語（中国語の古文）**です。漢字だけで記され、句読点もありません。

㊒ **學而時習之不亦悦乎**
（正平本『論語』）

❷ 文意を考えて、**句読点**を付けます。

㊒ 学而時習之、不亦悦乎。

入試漢文では、句読点が省略されることは基本的にないので、実際に設問にあたるときは、次の❸～❺の過程を考えます。

❸ 漢文と日本語で語順の違う箇所は、**返り点**（↓24・26ページ **返り点①②**）を付けて**日本語の語順**に調整します。

㊡ 学而時習レ之、不二亦悦一乎。

意味 学んでそして適当な時に学んだことを復習する、なんと愉快なことではないか。

❹ 必要な**活用語尾・助動詞・助詞**を**送り仮名**として**書き添え**て、日本語として直訳できるようにします。その際、**古文で直訳するので古典文法を用いる**ことに注意しましょう。

㊡ 学ビテ而時ニ習フレ之ヲ、不二亦タ悦バシカラ一乎。

❺ 原文に付けた句読点・返り点・送り仮名に従って、**書き下し文**（↓28ページ **書き下し文**）に改めます。

㊡ 学(まな)びて時(とき)に之(これ)を習(なら)ふ、亦(ま)た悦(よろこ)ばしからずや。

たとえば、返り点の付け方と書き下し文の組み合わせを問う設問では、❸→❹→❺の過程を考えて答えます。

2 文の構造①

熟語を見てみよう！

漢文の構造を捉えるには、語順に注目して、それぞれの字が果たしている**役割**（主語・述語・目的語など）や**品詞**を正しく把握することが大切です。

熟語、特に二字熟語は、構造を最も少ない字数で表している句、あるいは文と考えることができます。**熟語＝白文（漢文の原文）**と考えると、わかりやすいでしょう。

身近な熟語を例に見てみます。熟語の上の字と下の字の意味のつながりを、「構造」を手がかりに考えてみましょう。

構造 ▶ **主語＋述語**

＝「主語＋述語」の構造と語順は、日本語と同じです。

例 心（主語） 痛（述語）（動詞）　意味 ▶ 胸が痛む

例 気（主語） 鋭（述語）（形容詞）　意味 ▶ 意気ごみが鋭く盛ん

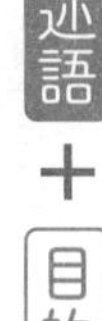

構造 述語＋目的語

述語が目的語をとる他動詞であるときは、英語と同じく「述語＋目的語」の語順になります。

例 読（述語（動詞）） 書（目的語）　意味 書物を読む

日本語は「目的語＋述語」の語順だね。
語順に注目しよう！

構造 修飾語＋被修飾語

修飾語は、形容詞であれ、副詞であれ、**直後の語を修飾**します。

（↓20ページ **文の構造⑥**）

例 白（修飾語（形容詞）） 衣（被修飾語（名詞））　意味 白い着物

例 再（修飾語（副詞）） 建（被修飾語（動詞））　意味 もう一度建てる

▼熟語の構造には、ほかに「**並列関係**」のものもあります。

例 出現　（似た意味の語を重ねる）　意味 現れ出る

例 草木　（意味が同じ範囲の語を重ねる）　意味 草と木（↓植物）

例 大小　（意味が反対の語を重ねる）　意味 大きいか小さいか（↓大きさ）

2 文の構造② 主語＋述語

漢文の最も基本的な文の構造は、「主語＋述語」の構造です。「主語＋述語」の構造と語順は、日本語と同じです。述語として働く語には、**動詞**・**形容詞**・**形容動詞**・**名詞**があります。

日本語の「は」や「が」のように、主語であることを示す助詞は、漢文にはありません。そのため**主語に「は」や「が」を補って考える**必要があります。

構造　**主語＋述語**（動詞）

述語が**動詞**の場合です。動詞には日本語と違い活用語尾は示されないので、**活用語尾を補って考える**必要があります。

例　春風（主語）吹（述語）。

意味　春風が吹く。（白居易「賦得古原草送別」）

構造　**主語＋述語**（形容詞）

述語が**形容詞**の場合です。形容詞も動詞と同様に日本語のように活用語尾は示されないので、**活用語尾を補って考える**必要があります。

例 山 高。 意味 山が高い。（范仲淹「厳先生祠堂記」）

構造 主語＋述語（名詞）

述語が名詞の場合です。日本語と違い「です」「である」などの断定の意味を示す助動詞も英語のbe動詞に当たる語もないので、**述語に当たる名詞に「です」「である」などを補って考える**必要があります。

例 鮑叔 君子。 意味 鮑叔（ほうしゅく）は君子（＝立派な人）である。（『千百年眼』）

▼一文の中で、主語＋述語の構造が連続することもあります。

例 地大国富。「主語＋述語」＋「主語＋述語」 意味 領地が広く国家が豊かだ。（『管子』）

▼述語が熟語であることもあります。

例 天下振動。主語＋述語（動詞） 意味 天下が振動する。（『史記』）

▼主語が省略されることもあります。

▼例の読み 春風（しゅんぷう）吹く。／山高（やまたか）し。／鮑叔君子（ほうしゅくくんし）たり。／地大（ちおほ）いにして国富（くにと）む。／天下振動（てんかしんどう）す。

ここでは読み方は考えずに
語順に注目して構造を捉えて
訳してみよう！

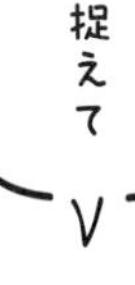

2 文の構造③ 主語＋述語＋目的語

述語が**他動詞**の場合には、「主語＋述語＋目的語」の語順になります。英語と同じく、目的語は、述語（他動詞）の**直後**に置かれます。

日本語の「を」や「に」のように、目的語であることを示す助詞は、漢文にはありません。そのため、**目的語には「を」や「に」を補う**必要があります。

構造 **主語＋述語**（他動詞）**＋目的語**

例 聖人（主語）用（述語）人（目的語）。

意味 聖人が人を登用する。（『十八史略』）

述語（他動詞）の「用」（＝登用する）の意味に合わせて、目的語の「人」に**助詞「を」を補って**日本語訳します。

日本語は「目的語＋述語」なので、語順が違うね。「を」や「に」を補って訳すよ！

例 公等遇雨。（主語：公等／述語：遇／目的語：雨）

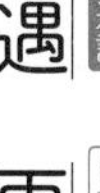

意味 あなたたちは雨に出くわした。（『史記』）

述語（他動詞）の「遇」（＝出くわす）の意味に合わせて、目的語の「雨」に**助詞「に」を補って**訳します。

例 子謂子夏。（主語：子／述語：謂／目的語：子夏）

意味 先生（＝孔子）が子夏に言った。（『論語』）

述語（他動詞）の「謂」（＝言う）の意味に合わせて、目的語の「子夏」に**助詞「に」を補って**訳します。

▼一文の中で、（主語＋）述語（他動詞）＋目的語の構造が連続することもあります。

例 積徳潔行。「述語（他動詞）＋目的語」＋「述語（他動詞）＋目的語」

意味 仁徳を身に付けて行いを潔白にする。（『史記』）

▼主語や目的語が省略されることもあります。その場合は、述語に注目して「何が？」「何を？」などと省略されている主語・目的語を補って考えましょう。

▼送り仮名に「～ニ」「～ト」「～ヨリ」を補って読むものを「補語」と呼ぶこともあります。

▼例の読み 聖人(せいじん)人(ひと)を用(もち)ふ。／公等(こうら)雨(あめ)に遇(あ)ふ。／子(し)子夏(しか)に謂(い)ふ。／徳(とく)を積(つ)み行(おこな)ひを潔(いさぎよ)くす。

述語が**他動詞**の場合には、目的語を二つとって「主語＋述語＋目的語1＋目的語2」という語順になることがあります。

目的語を二つとるのは、「与(あたフ)ニA B(ニ)(ヲ)」（AにBを与える）・「問(とフ)ニA B(ニ)(ヲ)」（AにBをたずねる）・「教(をしフ)ニA B(ニ)(ヲ)」（AにBを教える）など、**相手に何かを授与したり、質問したり、教示したりすることを表す動詞**です。

構造　**主語＋述語**（他動詞）＋目的語1＋目的語2

例　子(主語) 語(述語) 魯大師(目的語1) 楽(目的語2)。

意味　先生（＝孔子）が魯(ろ)の音楽官長に音楽のことを話した。（『論語』）

述語（他動詞）の「**語**」（＝**語る・話す**）は、**相手に何かを教示する意味の語**なので、目的語を二つとります。

例 漢王（主語）授（述語）我（目的語1）上将軍印（目的語2）。

意味 漢王は私に上将軍（＝最上位の将軍）の印章を授けた。（『史記』）

述語（他動詞）の**「授」（＝授ける・わたす）は、相手に何かを授与する意味の語**なので、目的語を二つとります。

英語の「give＋人＋物」などに似ているね！
述語に注目して、文の構造を捉えよう！

▼主語や目的語が省略されることもあります。その場合は、述語に注目して「何が？」「何を？」などと省略されている主語・目的語を補って考えましょう。

▼送り仮名に「～ニ」「～ト」「～ヨリ」が付くものを「補語」と呼ぶこともあります。

▼例の読み 子魯の大師に楽を語る。／漢王我に上将軍の印を授く。

「**於**」は、英語の**前置詞**の働きをする語で、**〈場所〉**・**〈時間〉**・**〈対象〉**・**〈起点〉**・**〈程度〉**・**〈受身〉**・**〈比較〉**など、さまざまな用法があります。

前置詞の働きをする「**於**」**と直後の語句**とを合わせた［於＋□］を前置詞句としてまとまりで捉えましょう。

構造 主語＋述語（動詞）＋［於＋□］

例 孟子（主語）生（述語）於是時。（於＋□）

意味 孟子（もうし）はこの時代に生まれた。（『竜川文集』）

述語（動詞）の「生」（＝生まれる）との意味のつながりを考えましょう。「**於**」はここでは**〈時間〉**を表す前置詞として働いています。

例 青（主語）出（述語）於藍。（於＋□）

意味 青色は（植物の）藍（の葉）から生まれ出る。（『荀子』）

述語（動詞）の「出」（＝生まれ出る・産出する）との意味のつながりを考えましょう。「**於**」はここでは**〈起点〉**を表す前置詞として働いています。

例 子張（主語）問（述語）仁（目的語）於孔子（於＋□）。

意味 子張が仁（のこと）を孔子にたずねた。（『論語』）

ここでは 述語（他動詞）＋目的語 の「問仁」（＝仁をたずねる）との意味のつながりを考えます。「於」は〈対象〉を表す前置詞として働いています。

▼「於」と同じ用法を持つ語に「于」と「乎」があります。（↓34ページ **置き字③**）

▼例の読み 孟子（まうし）是（こ）の時（とき）に生（う）まる。／青（あを）は藍（あゐ）より出（い）づ。／子張（しちやう）仁（じん）を孔子（こうし）に問（と）ふ。

2 文の構造⑥ 修飾語＋被修飾語

修飾語は、原則として直後に置かれている語を修飾します。修飾されている語を被修飾語といいます。

修飾語が**形容詞**の場合……直後の**名詞**を修飾する（＝**連体修飾**）
修飾語が**副詞**の場合……直後の**動詞**あるいは**形容詞・形容動詞**を修飾する（＝**連用修飾**）

構造 修飾語（形容詞）＋被修飾語（名詞）

例 強（修飾語）国（被修飾語）　意味 強い国

修飾語の「強」（＝強い・強大である）が**直後の名詞**「国」を修飾する**「連体修飾」**の構造です。

例 美（修飾語）食（被修飾語）　意味 おいしい食べ物

修飾語の「美」（＝おいしい・ぜいたくな）が**直後の名詞**「食」（＝食べ物）を修飾する**「連体修飾」**の構造です。（「美」は、「うつくしい」だけでなく、「よい」「すぐれている」「おいしい」など、価値の高いことを表す形容詞として用いられます。）

構造 修飾語（副詞）＋被修飾語（動詞・形容詞・形容動詞）

例 悠然去。（修飾語：悠然／被修飾語：去）

意味 ゆったりと立ち去る。

修飾語の「悠然」（＝ゆったりと・のんびりと）が**直後の動詞**「去」（＝立ち去る・行く）を修飾する**「連用修飾」**の構造です。

例 甚大。（修飾語：甚／被修飾語：大）

意味 非常に大きい。

修飾語の「甚」（＝非常に・ひどく）が**直後の形容詞**「大」（＝大きい）を修飾する**「連用修飾」**の構造です。

修飾語＋被修飾語の語順をつねに意識しよう！

▼例の読み 強（つよ）き国（くに）／美（び）なる食（しょく）／悠然（いうぜん）として去（さ）る。／甚（はなは）だ大（だい）なり。

練習問題 1

1 次の文の構造として適当なものを、①～③から選べ。

鳥啼、花開。（張耒「局中昼睡」）

① 被修飾語＋修飾語、被修飾語＋修飾語
② 主語＋述語（動詞）、主語＋述語（動詞）
③ 目的語＋述語（動詞）、目的語＋述語（動詞）

2 (1)・(2)の各文の解釈として適当なものを、各群の①～③から選べ。

(1) 教二子欺一。（『韓非子』）

① 子どもは嘘をつくものだという教訓である。
② 子どもの嘘にも教えられるところがある。
③ 子どもに嘘をつくことを教える。

(2) 挙レ頭望二山月一。（李白「静夜思」）

① 頭を上げれば山上の月が見えるのか。
② 頭を上げたのは山上の月を見るためだ。
③ 頭を上げて山上の月を見る。

3 (1)・(2)の各文の□には、同じ語が入る。〈 〉内の解釈を参照して、適当なものを①～③から選べ。

(1) 斉景公問ニ政ヲ□孔子ニ一。（『論語』）
〈斉の景公が孔子に政治のことを質問した。〉

(2) 千里之行モ、始マルニ□足下ヨリ一。（『老子』）
〈千里の道のりも、足もとの一歩から始まる。〉

① 於　② 而　③ 以

解説

1 「鳥が啼き、花が開く」と解釈できます。主語＋述語（動詞）、主語＋述語（動詞）という構造です。　答 ②

2 構造を確認しましょう。

(1) 教［述語（動詞）］ 子［目的語1］ 欺［目的語2］。

「教」（教える）が、「AにBを」と目的語を二つとる動詞であることに注意しましょう。（↓16ページ）　答 ③

(2) 挙［述語1（動詞）］ 頭［目的語1］ 望［述語2（動詞）］ 山月［目的語2］。

述語（動詞）＋目的語が連なっていることに注意しましょう。　答 ③

3 原文と〈 〉内の解釈を対照すると、(1)は「□孔子」＝「孔子に」、(2)は「□足下」＝「足もとの一歩から」です。つまり、(1)の空欄には**動作の対象**を、(2)の空欄には**動作の起点**を示す**前置詞の働きをする語「於」**が入ります。（↓18ページ）　答 ①

読み **1** 鳥啼き、花開く。 **2** (1) 子に欺くを教ふ。 (2) 頭を挙げて山月を望む。 **3** (1) 斉の景公政を孔子に問ふ。 (2) 千里の行も、足下より始まる。

3 返り点①

返り点は、日本語と構造（語順）が異なる漢文を**日本語の語順で読めるように、読む順序を示すための記号**で、**漢字の左下**に付けます。カタカナの「**レ**」のような記号や、「**一・二**」や「**上・下**」などがあります。

返り点の働きは、❶「**直前の字に返る**」ことを示す、❷「**二字以上返る**」ことを示す、の二つです。

❶ **直前の字に返る**　……**レ点**（れてん）

❷ **二字以上返る**　……**一**（いち）・**二点**（にてん）、**上**（じょう）・**下点**（げてん）、**甲**（こう）・**乙点**（おつてん）など

◆**返り点が必要ないもの**

例　再（修飾語）建（被修飾語）　意味　もう一度建てる

＝日本語と構造が同じ＝語順が同じなので、返り点は不要です。

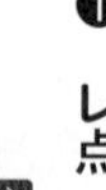

❶ **レ点**

例　聖（主語）人（主語）用（述語）レ人（目的語）。

意味　聖人が人を登用する。（『十八史略』）

日本語は「主語＋目的語＋述語」の語順なので、**返り点で「聖人」↓「人」↓「用」の語順**に改めます。

例 歳月（主語）不（否定語）レ待（述語）レ人（目的語）。

意味 歳月は人を待たない。（陶潜「雑詩」）

「人」↓「待」↓「不」の順に**直前の語に連続して返って読む**ので、**レ点を二回**用います。

❷ 一・二点

例 子（主語）謂（述語）二子夏（目的語）一。

意味 先生（＝孔子）が子夏に言った。（『論語』）

日本語の「主語＋目的語＋述語」の語順で読むために、「夏」↓「謂」と**二字返り**ます。

例 懸（述語）二羊頭（目的語）一売（述語）二狗肉（目的語）一。

意味 （看板には）羊の頭を懸けて（実は）犬の肉を売る。（『恒言録』）

「述語＋目的語」の構造が連続しています。

▼例の読み 再（ふたた）び建（た）つ／聖人（せいじんひと）を用（もち）ふ。／歳月（さいげつ）人（ひと）を待（ま）たず。／子（し）子夏（しか）に謂（い）ふ。／羊頭（やうとう）を懸（か）けて狗肉（くにく）を売（う）る。

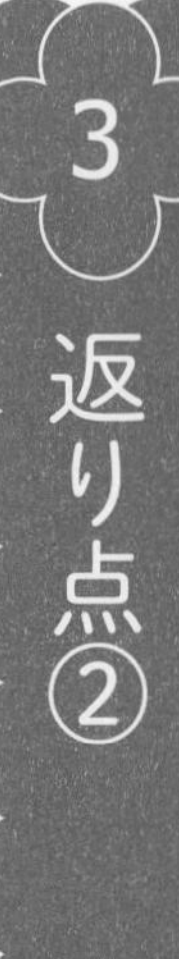

3 返り点②

返り点は、「二字以上返る」ときは、まず一・二点を用いますが、**「一・二」の箇所をはさんで返るときは、上・（中・）下点**を用います。
また、**レ点で一字下の字から返って、さらに二字以上返って読む**ときは、一レ点や上レ点を用います。

❶ 上・（中・）下点

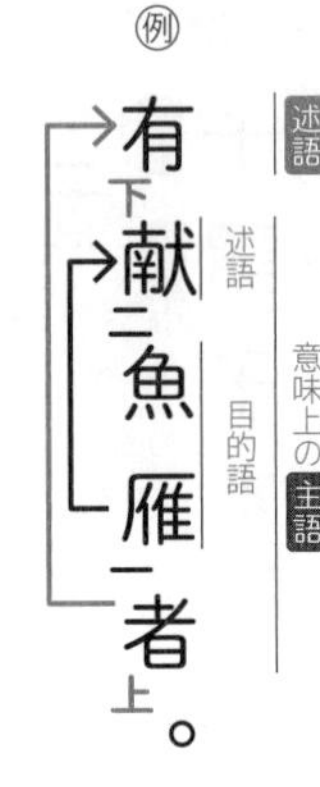

例　有[下]献[二]魚雁[一]者[上]。

述語　述語　目的語　意味上の主語

意味▷魚と雁を献上した者がいた。（『列子』）

例　不[下]為[二]児孫[一]買[中]美田[上]。

否定語　前置詞＋□　述語　目的語

意味▷子や孫のためによい田地を買っ（て残し）たりはしない。（西郷隆盛「偶成」）

「一・二」点の箇所「為[二]児孫[一]」をはさんで「田」→「買」→「不」と返って読む構造です。なお、「上・下」点をはさんでさらに返るときには「甲・乙」点を用います。

❷ レ点

例 冀二復得一レ兎。

述語（冀）　修飾語（復）　目的語（得兎）　述語（得）　目的語（兎）

意味 もう一度ウサギを手に入れたいと（＝ウサギを手に入れることを）願った。『韓非子』

＊冀――こいねがう。

❸ 上下点

例 勿下以二悪小一而為上レ之。

否定語（勿）　以＋□（以悪小）　述語（為）　目的語（之）

意味 悪さ（の程度）が小さいことを言い訳にしてそのことをやってはいけない。『三国志』

＊而→32ページ **置き字②**

◆熟語へ返る場合

例 吾日三-省二吾身一。

主語（吾）　修飾語（日）　述語（三省）　目的語（吾身）

意味 私は一日に私自身を何度も（＝三回）振り返る。『論語』

熟語に返って読むときには、**熟語（例では「三省」）の上の字に返り点**を付け、下の字との間をハイフン（**連読記号**）で結びます。

▼例の読み 魚雁を献ずる者有り。／児孫の為に美田を買はず。／復た兎を得るを冀ふ。／悪小なるを以て之を為す勿かれ。／吾日に吾が身を三省す。

4 書き下し文

書き下し文とは、漢文（＝古典中国語）を**日本語の古文として読み**、それを**漢字とひらがなで書き表した文**です。（↓8ページ **漢文とは？**）

漢文の原文を書き下し文に改める手順は、次のようになります。

❶ 漢文の原文の**構造**を踏まえて、**日本語（現代語）の意味を考える。**

例 冀復得兎。

（述語：冀　目的語：復得兎〔修飾語：復　述語：得　目的語：兎〕）

意味 もう一度ウサギを手に入れたいと（＝ウサギを手に入れることを）願った。（『韓非子』）

＊冀——こいねがう。

❷ 日本語と構造が異なる＝語順が異なる箇所に、日本語の語順で読めるように**返り点**を付ける。

例 冀㆓復得㆒㆑兎。

「復」（もう一度）↓「兎」（ウサギを）↓「得」（手に入れることを）↓「冀」（願った）の順になります。（「→」で示した箇所が、返って読む箇所です。）

❸ 動詞や形容詞・形容動詞・助動詞の**活用語尾**、「の・を・に・より」のような**助詞**など、漢文にはなく、日本語として読むために必要なものを、**送り仮名**として**カタカナで漢字の右下に**書き加えます。

例 冀フ二復タ得ルヲレ兎ヲ。

日本語の**古文**としての読みなので、仮名遣い・活用は古文の文法（＝文語文法）に従います。

例 「冀（こひねがフ）」＝「こひねがフ」、「得」＝「う」（終止形）→「うル」（連体形）

❹ 漢文の原文に施した返り点と送り仮名に従って、**漢字・ひらがな交じりの書き下し文**に書き改めます。

例 復た兎を得るを冀ふ。

◆**書き下し文の規則**

▼助詞・助動詞は、ひらがなで書く。

主な助詞……之（の）・者（は）・与（と）・自（より）・乎（や・か）

主な助動詞…不（ず）・可（ベシ）・使（しム）・見（る・らル）・如（ごとシ）・也（なり）・為（たり）

▼「矣」、「而」、「於」、「于」など**置き字**として読まない漢字は、書かない（↓30ページ 置き字①）。

書き下し文の原則も大事！
チェックしよう。

5 置き字① 「矣」「焉」「也」

置き字とは、漢文を**訓読**するときには**読まない字**のことです。置き字は、**書き下し文では書きません。**置き字には、それぞれ特有の意味や働きがあります。その意味や働きから、三つのグループに分けられます。

❶ **矣・焉・也**……文末・句末に付いて**断定**の意味を表す字。
❷ **而**……………**接続語**の働きをする字。（↓32ページ　**置き字②**）
❸ **於・于・乎**……英語の**前置詞**の働きをする字。（↓34ページ　**置き字③**）

ここでは、❶**矣・焉・也**の例を見てみましょう。

㊎ 時已ニ徙レリ矣。

読み 時(とき)已(すで)に徙(うつ)れり。（『呂氏春秋』）
意味 時はもうすぎてしまった。

≡「矣」は、読みませんが、**断定**の意味を表します。

例 余甚ダ惑フ焉。

読み 余甚だ惑ふ。（『史記』）

意味 私はたいそう困惑している。

「焉」は、読みませんが、**断定**の意味を表します。

例 畏ルル狐ヲ也。

読み 狐を畏るる**なり**。（『戦国策』）

意味 狐を恐れているの**である**。

「也」は、**断定**の意味を表します。「也」は、置き字として読まないこともありますが、通常は断定の助動詞「なり」として読みます。

▼漢文を、日本語の古文に直訳して読むことを「**訓読**」といいます。「訓」とは、「日本語での読み方」のこと。つまり、訓読とは、漢文の「日本語訳」と捉えるとわかりやすいでしょう。

▼漢文に**返り点・送り仮名**を付けて「訓読」したものを、返り点・送り仮名に従って漢字・かな交じり文に改めれば、**書き下し文**となります。

▼「置き字」は、訓読するときには読まないので書き下し文には書きませんが、特有の意味や働きを持っているので、解釈するうえで注意が必要です。

5 置き字② 「而」

置き字の「而」には、接続語の働きがあります。単純接続・順接（──して、……）、逆接（──だけれども、……）の接続関係を表します。

◆単純接続・順接

「而」が単純接続・順接の接続関係を表すときには、直前に読む述語に「──（シ）テ」という送り仮名を付けて読みます。

──（シ）テ而……　意味 ──して、……

例　耕（シテ）レ田（ヲ）而食（フ）。

読み　田（た）を耕（たがや）して食（くら）ふ。（『十八史略』）

意味　田畑を耕して食べる（＝生活する）。

▼単純接続・順接の「而」は、名詞や形容詞・形容動詞に付くときは「──（シテ）而……」と読みます。

例　任重（クシテ）而道遠（シ）。

読み　任重（にんおも）くして道遠（みちとほ）し。（『論語』）

意味　任務は重くて道は遠い。

◆**逆接**

「而」が逆接の接続関係を表すときには、直前に読む 述語 に「――（スル）ニ」・「――（スル）モ」・「――（スレ）ドモ」という送り仮名を付けて読みます。

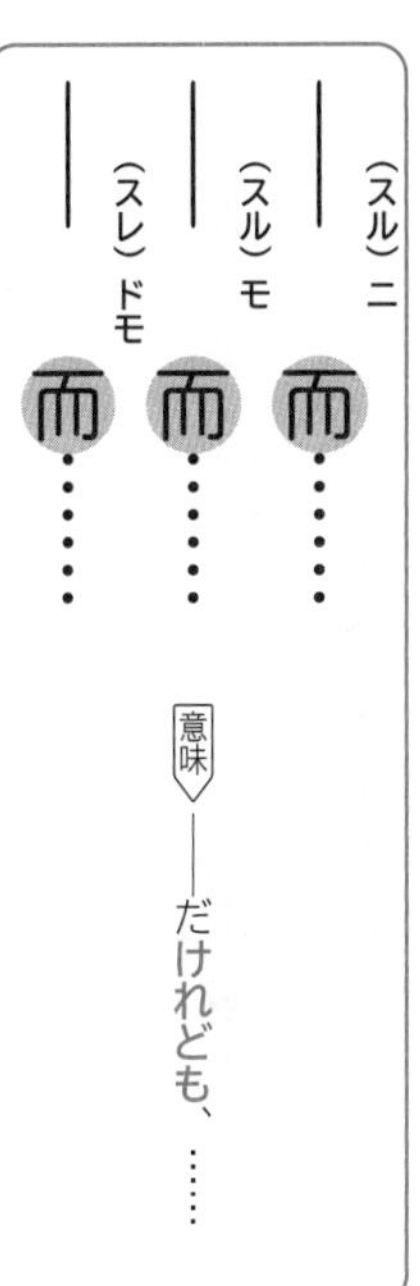

――（スル）ニ 而……
――（スル）モ 而……
――（スレ）ドモ 而……
意味 ――だけれども、……

例 勢ハ不ルモレ同ジカラ而理ハ同ジ。

読み 勢（せい）は同（おな）じからざるも理（り）は同（おな）じ。（柳宗元「送薛存義之任序」）

意味 権勢は同じではないけれども道理は同じである。

▼「而」を「しかうして・しかして」と読んで、順接の意味を強調するときもあります。

▼「而」を「しかれども・しかるに・しかも」と読んで、逆接の意味を強調するときもあります。

▼「而」は、「名詞＋而……」という構造のときには、「名詞ニシテ而……」と読み、「名詞であって……」の意味です。

5 置き字③ 「於」「于」「乎」

置き字の**「於」**には、英語の**前置詞**のような働きがあり、**〈場所〉・〈時間〉・〈対象〉・〈起点〉・〈程度〉・〈受身〉・〈比較〉**など、さまざまな用法があります。**直後**の語句と合わせて、**於＋□を一つの意味のまとまり**として捉えることが大切です。なお**「于」「乎」**も、「於」と同様に用いられます。

例 荘子釣ル二於濮水一。

ここでの**「於」**は、**〈場所〉**を表す働きです。

読み 荘子濮水に釣る。（『荘子』）

意味 荘子が濮水（という川）で釣りをしていた。

例 吾十有五ニシテ而志ス二于学一。

ここでの**「于」**は、**〈対象〉**を表す働きです。

読み 吾十有五にして学に志す。（『論語』）

意味 私は十五歳で学問に志した。

例 千里之行、始於足下。

ここでの「於」は、**〈起点〉**を表す働きです。

読み 千里の行も、足下より始まる。（『老子』）

意味 千里の道のりも、足下（の一歩）から始まる。

例 不信乎朋友。

ここでの「乎」は、**〈受身〉**を表す働きです。

読み 朋友に信ぜられず。（『中庸』）

意味 友人に信用してもらえない。

▼「於」を用いた〈受身〉や〈比較〉の用法については、**2章 3受身形③**（66ページ）、**6比較形・最上形②**（108ページ）で学びます。

1章漢文の構造は、ここまで。
これからは、構造を意識して
漢文を読んでいこう！

練習問題 2

1 次の文の返り点の付け方と書き下し文との組合せとして適当なものを、①～③から選べ。

救民於水火之中（『孟子』）

① 救㆑民㆑於㆓水火之中㆒　水火の中より民を救ふ

② 救㆑民於㆓水火之中㆒　民を救ふに水火の中よりす

③ 救㆓民於水火之中㆒　民を水火の中より救ふ

2 次の文の書き下し文として適当なものを、①～③から選べ。

法已定矣（『商君書』）

① 法已（すで）に定まる　② 法已に定まるか　③ 法已に定まらんや

3 次の原文に〈　〉内の読み方に従って返り点を付けるとどうなるか。適当なものを、①～③から選べ。

遂迷不復得路（陶潜「桃花源記」）　〈遂（つひ）に迷（まど）ひて復（ま）た路（みち）を得（え）ず。〉

① 遂迷不㆓復得㆑路㆒　② 遂迷不㆓復得㆒㆑路　③ 遂迷不㆘復得㆖㆑路

4 (1)・(2)の□には、同じ語が入る。〈　〉内の解釈を参照して、適当なものを①〜③から一つ選べ。

(1) 期年ニシテ□士不レ至ラ。（『韓詩外伝』）
〈一年過ぎても立派な人はやって来なかった。〉

(2) 聴ケドモ□不レ聞コエ。（『大学』）
〈耳を傾けても聞こえない。〉

① 焉　② 於　③ 而

解説

1 「於」に注目します。「**於**」は、前置詞の働きをする語ですが、**置き字として読まない**ことに注意しましょう。意味は「人民を水火の中から救出する」です。
「於」はここでは**〈起点〉**を表します。　答 ③

2 文末の「**矣**」に注目します。置き字として読みませんが、**〈断定〉**の意味を表す語です。「法はもう定まったのだ」と訳し、「法已に定まる」と読みます。疑問詞を伴わずに、「矣」だけで疑問文や反語文になることはありません。　答 ①

3 読む順序は、「遂」↓「迷」↓「復」↓「路」↓「得」↓「不」です。「路」から「得」に一字返るので「得」に**レ点**を付けます。次に「得」から「不」に二字返るので、「得」にさらに**一点**、「不」に**二点**をそれぞれ付けます。つまり、「遂迷不二復得一レ路」となります。**一レ点**に注意しましょう。意味は「そのまま迷ってもう二度と道を見つけられなかった。」です。　答 ②

4 (1)・(2)とも**接続語**が入ることを捉えます。①「焉」は文末・句末に付き**断定**の意味を表す語、②「**於**」は**前置詞**の働きをする語、③「**而**」は**接続語**で、単純接続・順接や逆接の接続関係を表します。接続語として働くのは③「而」だけです。　答 ③

読み (1) 期年にして士至らず。 (2) 聴けども聞こえず。

故事成語

漢文由来の故事成語は現代語でもよく登場します。故事成語ができた由来や漢字に注意すると意味を覚えやすくなります。

完璧（かんぺき）　完全で欠けたところがないさま

——「完璧」の「璧」は天下の名玉

「カンペキ」を「完壁」と書き間違える人がいますが、「カンペキ」の「ペキ」は「壁」ではなく「璧」ですね。「璧」はもともと「装身具の宝玉」を表します。「璧」に「玉」という字が含まれていることに注意すると「宝玉」の意味を捉えやすいですね。

「完璧」はもともと「完レ璧」（璧（へき）を完（まった）うす）という言葉で、他国に要求された貴重な「璧」を、使者が損なうことなく無事に国に持ち帰ったという有名な『史記』の逸話から生まれた故事成語です。故事成語の由来がわかると「完璧」に漢字を書くことができるようになりますね。

漱石枕流（そうせきちんりゅう）　負け惜しみの強いこと

——負け惜しみから生まれた「漱石枕流」

孫楚（そんそ）という人が隠棲（いんせい）しようとして「枕レ石漱レ流」（これからは石を枕にして、川の流れで口をすすいで生きていこう）と言うつもりが、「漱レ石枕レ流」と言い間違えてしまいました。間違いをからかわれた孫楚は、なんと「流れに枕するのは世俗の汚れを聞いた耳を洗うためだ。石で口をすすぐのは、歯を磨くためだ」と負け惜しみを言ったそうです。『世説新語』のこの逸話から「漱石枕流＝負け惜しみの強いこと・ひどいこじつけをすること」という故事成語が生まれました。この「漱石枕流」は、明治・大正期の文豪夏目漱石（なつめそうせき）のペンネームの由来としても有名です。

2章

基本句形

2章では、基本的な句形34項目をまとめました。ここでも、「文の構造」を意識するよう心がけましょう。構造がわかると、たんに暗記するだけでなく、句形を理解してしっかり習得できます。

1 再読文字① 「未」

句形

1回目の読みは、返り点を無視して読む！

2回目の読みは、返り点のルールに従って読む！

未(いまダ)二――(ず)一

読み　未(いま)だ――ず

意味　まだ――しない

例文で覚える！

未レ知二可否一。(『春秋左氏伝』)

読み　未(いま)だ可否(かひ)を知(し)らず。

意味　まだ良いのかどうかわからない。

構造チェック

未　知(述語)　可否(目的語)。

「未」は述語「知」以下を否定します。

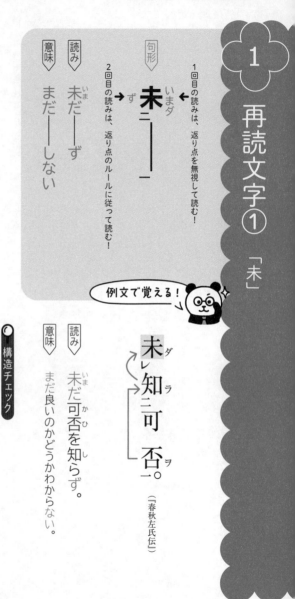

これだけ!

「未」は、まず「いまだ」と読み、下の述語や活用語から返って「ず」と読みます。

文脈上「――しない」「――しなかった」と、「まだ」を訳出しないほうがよい場合もあります。その場合も「いまだ――ず」と読むきまりです。

高得点めざしてレベルアップ!

▼「未」には、副詞を伴って「未ダ嘗テ――ニ」(未だ嘗て――ず＝今までに――したことがない)・「未ダ必ズシモ――ニ」(未だ必ずしも――ず＝必ずしも――するとは限らない)という形もあります。

▼古文でも必須!「ず」の活用は覚えましょう。

基本形	未然形	連用形	終止形	連体形	已然形	命令形
ず	ず ざら	ず ざり	ず	(ぬ) ざる	(ね) ざれ	ざれ

＊漢文の訓読では、「ず」の連体形「ぬ」と已然形「ね」は用いません。

1 再読文字② 「将」「且」

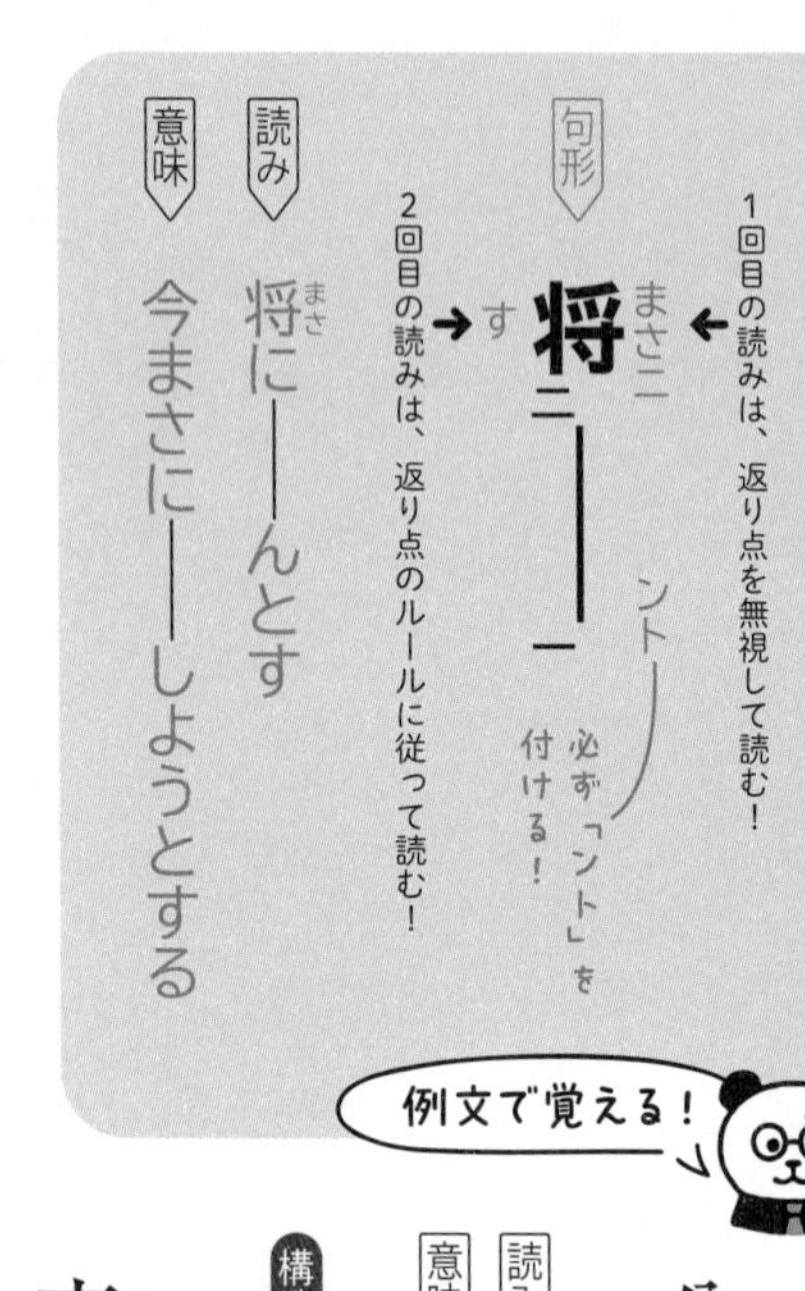

句形　将ニ――ントす

1回目の読みは、返り点を無視して読む！

2回目の読みは、返り点のルールに従って読む！

必ず「ント」を付ける！

読み　将に――んとす

意味　今まさに――しようとする

＊「且」も「将」と同じ読み・意味で用いられます。

且ニ――ントす

例文で覚える！

公将ニレ戦ハント。（『春秋左氏伝』）

読み　公将に戦はんとす。

意味　荘公は今まさに戦おうとした。

構造チェック　公［主語］将戦。［述語］

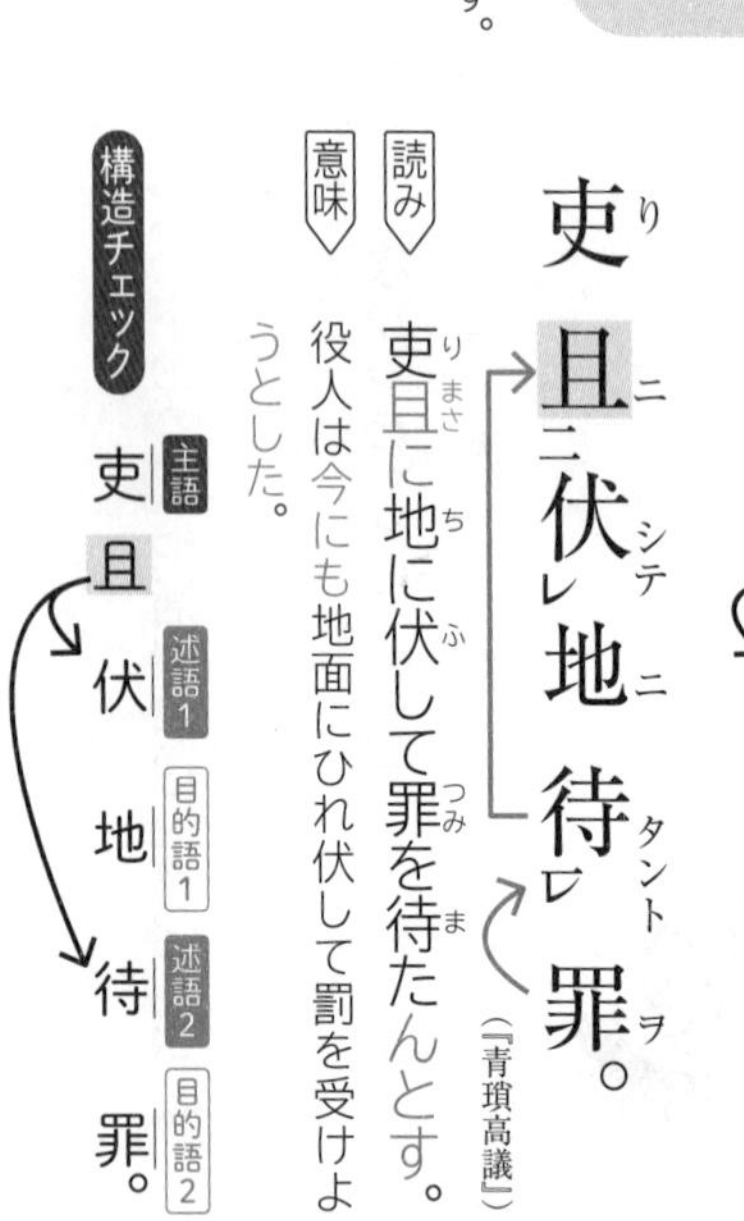

吏且ニ二伏シテレ地ニ待タント一レ罪ヲ。（『青瑣高議』）

読み　吏且に地に伏して罪を待たんとす。

意味　役人は今にも地面にひれ伏して罰を受けようとした。

構造チェック　吏［主語］且伏［述語1］地［目的語1］待［述語2］罪。［目的語2］

「**将・且**」は、まず「**まさに**」と読み、下の述語や活用語に「**んと**」(助動詞「ん」+「と」)を付けてから返って「**す**」と読みます。

「将・且」は、その時点での**未来**を示すので、「――**だろう**」「――**しよう**」「――**するつもりだ**」などと訳すときもあります。

▼「んとす」の「ん」は助動詞の「む」の音便形なので、活用語の未然形に付きます。「学ぶ」ならば「学ば・んとす」、「受く」ならば「受け・んとす」となります。「ん・と・す」は「しよう・と・する」の意味です。

▼「将」には「ひきゐる(=率)」と動詞として読む用法もあります。「将軍」は「軍をひきいる」と考えると覚えやすいですよ。

▼「且」には「かつ」(その上に・なお)と接続語として読む用法や、「しばらく」(一時的に・とりあえず)と読む用法もあります。

▼古文でも必須! サ変動詞「す」の活用は覚えましょう。

基本形	未然形	連用形	終止形	連体形	已然形	命令形
す	せ	し	す	する	すれ	せよ

1 再読文字③「当」「応」

句形

1回目の読みは、返り点を無視して読む！

当ニ（まさニ）――（ベシ）一

2回目の読みは、返り点のルールに従って読む！

読み 当（まさ）に――べし

意味 当然――すべきだ
きっと――にちがいない

＊「応」も「当」と同じ読み・意味で用いられます。（「応」は「きっと――にちがいない」と**強い推量**で訳すことが多いです。）

応ニ（まさニ）――（ベシ）一

当ニ（シ）レ惜シム二分陰ヲ一。（『小学』）

読み 当（まさ）に分陰（ふんいん）を惜しむべし。

意味 当然わずかな時間を惜しむべきだ。

構造チェック 当 惜（述語） 分陰（目的語）。

応ニ（シ）レ知ル二故郷ノ事ヲ一。（王維「雑詩」）

読み 応（まさ）に故郷（こきやう）の事（こと）を知（し）るべし。

意味 きっと故郷の事情を知っているにちがいない。

構造チェック 応 知（述語） 故郷事（目的語）。

- 「**当**」「**応**」は、まず「まさに」と読み、下の述語や活用語から返って「べし」と読みます。
- 「**当**」「**応**」は、「**将・且**（まさに――んとす）」と最初の読みが同じなので要注意！「当然――すべきだ」という意味を先に覚えると区別しやすくなります。

▼「当」は「あたる」（相当する）・「あつ」（当てる）、「応」は「こたふ」（答える）・「おうず」（対応する）という動詞の読み方もあります。

▼助動詞「べし」は終止形接続（ラ変型の語には連体形接続）なので、たとえば「逃（のが）る」に接続するときは「逃るべし」となりますが、ラ変動詞「あり」に接続するときには「あるべし」となり、助動詞「ず」に接続するときにはラ変型の連体形「ざる」に接続して「～ざるべし」となります。

▼古文でも必須！「べし」の活用は覚えましょう。

基本形	未然形	連用形	終止形	連体形	已然形	命令形
べし	べく べから	べく べかり	べし	べき べかる	べけれ	○

1 再読文字④「宜」

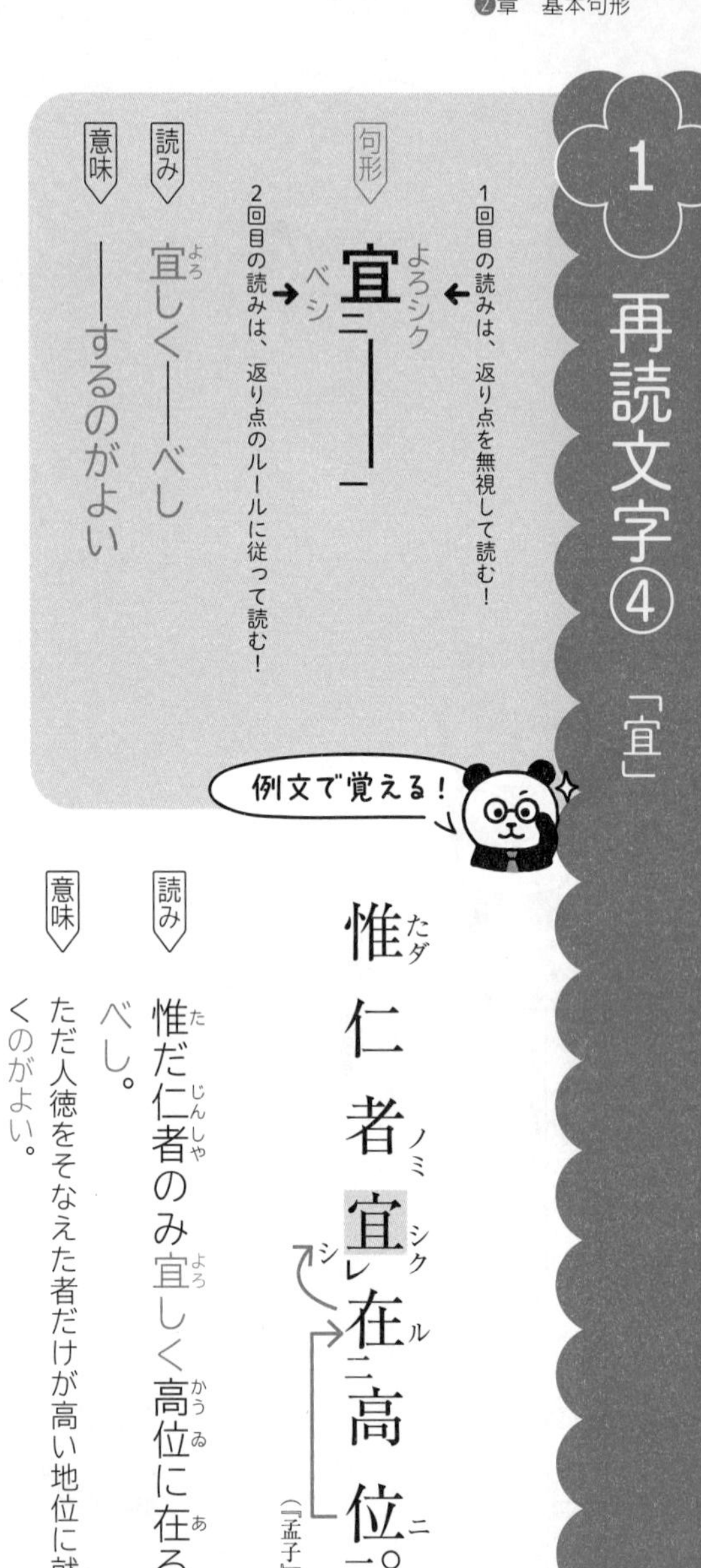

句形
1回目の読みは、返り点を無視して読む！
よろシク
宜ニ ──── 一
ベシ
2回目の読みは、返り点のルールに従って読む！
読み
宜しく──べし
意味
──するのがよい
例文で覚える！
惟ダ 仁 者ノミ 宜シク レ 在ル 二 高 位一ニ。
（『孟子』）

読み　惟だ仁者のみ宜しく高位に在るべし。

意味　ただ人徳をそなえた者だけが高い地位に就くのがよい。

構造チェック

惟 仁者（主語） 宜（述語） 在（述語） 高位（目的語）。

「宜」は述語「在」以下を修飾します。

「**宜**」は、まず「**よろしく**」と読み、下の述語や活用語から返って「**べし**」と読みます。

「便宜」「適宜」という熟語があるように、「宜」は「よろしい・適切だ」という意味の漢字だと知っておくと、読みの「よろしく」も、「よい」という意味も覚えやすいでしょう。

高得点めざしてレベルアップ!

▼「宜」には「むべなり」(もっともだ・納得だ)と読む用法もあり、詠嘆を伴って「宜(むベナル)乎(かな)」(もっともだなあ・納得だなあ)と読むことがあります。そのときも「宜」は「適宜・適切」の意味であり、「適切」だからこそ「納得する」、と考えるとよいでしょう。

▼助動詞「べし」は終止形接続です。ただし、ラ変型の語には連体形に接続するので注意しましょう。(↓45ページ **高得点めざしてレベルアップ!**)

▼古文でも必須!「べし」の活用は覚えましょう。

基本形	未然形	連用形	終止形	連体形	已然形	命令形
べし	べく べから	べく べかり	べし	べき べかる	べけれ	○

句形

1回目の読みは、返り点を無視して読む！

須(すべかラク)──(ベシ)

2回目の読みは、返り点のルールに従って読む！

読み　須(すべか)らく──べし

意味　──する必要がある
──しなければならない

例文で覚える！

須(すべかラク)常(ニ)思(フ)病苦(ノ)時(ヲ)。(『慎思録』)

読み　須(すべか)らく常(つね)に病苦(びやうく)の時(とき)を思(おも)ふべし。

意味　いつも病気で苦しんでいるときのことを思う必要がある。

構造チェック

須　常（副詞）　思（述語）　病苦時（目的語）。

「須」は述語「思」以下を修飾します。

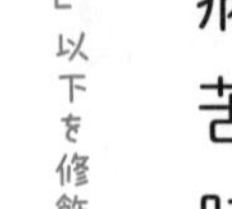

これだけ!

「須」は、まず「すべからく」と読み、下の述語や活用語から返って「べし」と読みます。

「必須」の「須」だから「――するのが必須だ」と覚えるとよいでしょう。

▼「須」は「必須」の「須」で、「必要とする」の意味です。否定の「不」が付いた「不須――」に「――する必要はない」という意味になります。ただし、読み方は「不(ず)レ須(もちヒ)二――(ヲ)一」(――を須(もち)ひず)となるので注意が必要です。

▼助動詞「べし」は終止形接続です。ただし、ラ変型の語には連体形に接続するので注意しましょう。(→45ページ **高得点めざしてレベルアップ!**)

▼古文でも必須!「べし」の活用は覚えましょう。

基本形	未然形	連用形	終止形	連体形	已然形	命令形
べし	べく べから	べく べかり	べし	べき べかる	べけれ	○

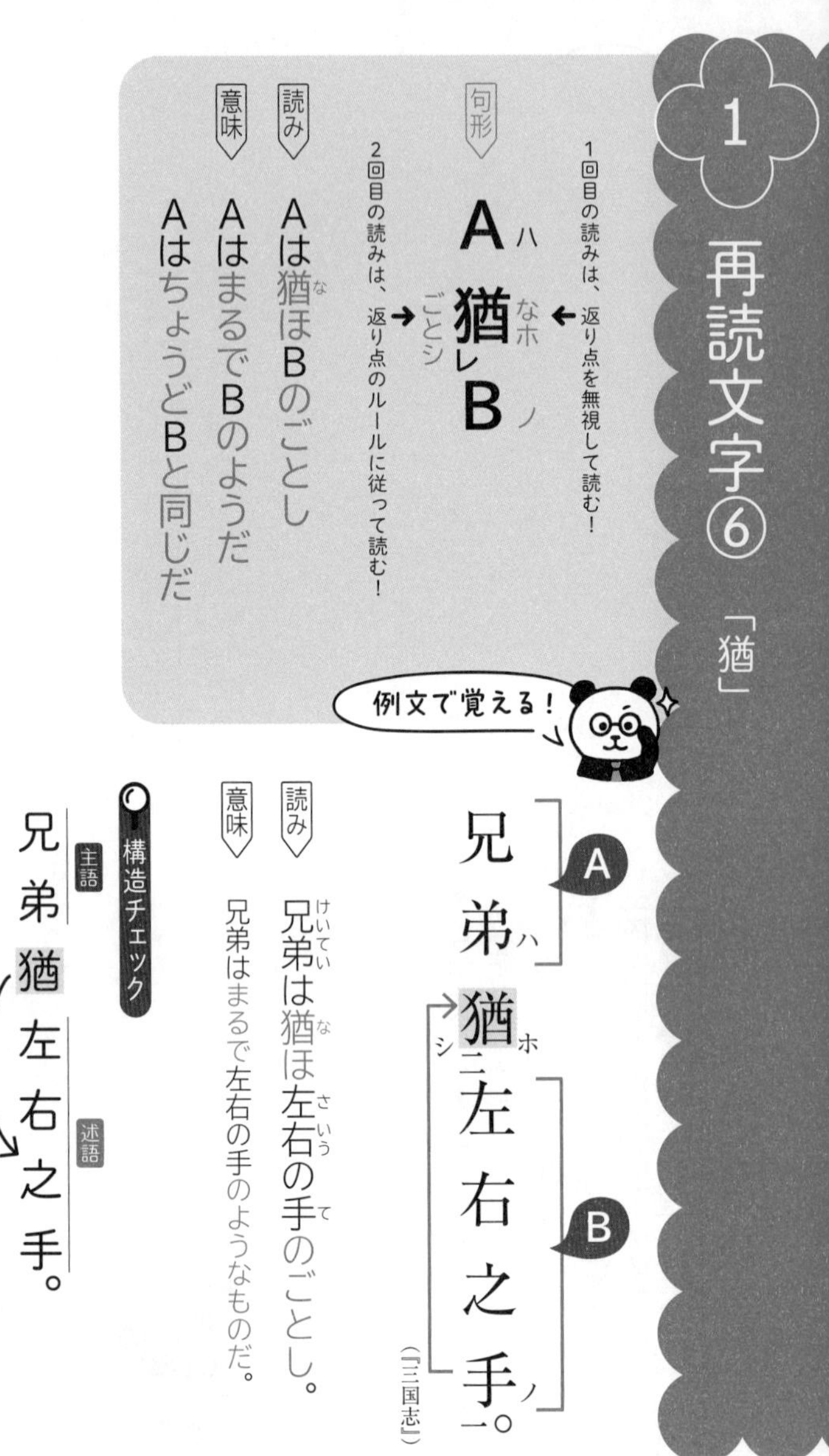

1 再読文字⑥「猶」

句形

A^ハ^ 猶^なホ^_ごとシ_ レ B^ノ^

1回目の読みは、返り点を無視して読む！

2回目の読みは、返り点のルールに従って読む！

読み Aは猶（な）ほBのごとし

意味 AはまるでBのようだ
AはちょうどBと同じだ

例文で覚える！

兄弟ハ猶ホ二左右之手一ノ。（『三国志』）

読み 兄弟（けいてい）は猶（な）ほ左右（さいう）の手（て）のごとし。

意味 兄弟はまるで左右の手のようなものだ。

構造チェック

兄弟（主語）猶左右之手。（述語）

「猶」は述語「左右之手」を修飾します。

「猶」は、まず「なほ」と読み、下の語句から返って「ごとし」と読みます。

「A(ハ)如(ごとシ)B(ノ)」「A(ハ)若(ごとシ)B(ノ)」と同じく、「AはちょうどBのようだ」と考えればよいでしょう。

▼副詞「なほ」との違い

「猶」には、「まだ・それでも・やはり」という意味で副詞として「なほ」と読む用法があります。副詞の場合、返り点は付きません。

▼「なほかくのごとし」

「猶」が「これ」という意味の語「是」「此」などを伴うと「猶(なホ)是(かクノ)(ごとシ)」(猶ほ是くのごとし)と読み、「このようである」という意味になります。

▼「ごとし」の送り仮名「の」と「が」の区別

「ごとし」は、名詞に付くときは「…のごとし」、活用語の連体形に付くときは「～がごとし」と読みます。右ページの例文では「左右の手」と名詞に付くので、「左右の手のごとし」と読んでいます。

1 再読文字⑦「盍」

句形

1回目の読みは、返り点を無視して読む！

盍（なんゾ）——（ざル）

2回目の読みは、返り点のルールに従って読む！

読み　盍（なん）ぞ——ざる

意味　どうして——しないのか
——してはどうか
——するのがよい

例文で覚える！

子盍ゾ㆑行ハ㆓仁政ヲ㆒。（『孟子』）

読み　子（し）盍（なん）ぞ仁政（じんせい）を行（おこな）はざる。

意味　あなたはどうして仁徳にもとづいた政治を行わないのか。

構造チェック

子〔主語〕 盍行〔述語〕 仁政〔目的語〕。

「盍」＝「何（なんゾ）」＋「不（ざル）」と考えましょう。

高得点めざしてレベルアップ！

これだけ！

- 「**盍**」は、まず「**なんぞ**」と読み、下の語句から返って「**ざる**」と読みます。
- 「なんぞ――ざる」は疑問の読み方をしますが、「**どうして――しないのか**」⇩「**――してはどうか**」「**――するのがよい**」と、**勧誘**や**適当**の意味を表します。「どうして勉強しないの！」と同じですね。

▼再読文字「盍」は、「何（なんゾ）不（ざル）――」（どうして――しないのか）」と読みも意味も同じです。

練習問題 3

次の文章を読んで後の問いに答えよ。（静岡大・改）

文公問ヒテ二於郭偃（くわくえん）一ニ曰ハク、「始メ（はじメ）也（や）吾以テレ治ムルヲレ国ヲ為スモレ易シト、今也難シト。」対ヘテ曰ハク、「君以テ為サバレ易シト、**其難也将至矣**。君以テ為サバレ難シト、其ノ易キ也将レ至矣。」

（『国語』）

（注）○文公――春秋時代の晋国の君主。　○郭偃――文公の臣下。

問　傍線部の書き下し文として適当なものを、①～⑤から選べ。

① 其の難（かた）きや将に至るべし
② 其れ難（なん）ずるなり将に至らんとせんや
③ 其の難きや将に至らんとす
④ 其れ難ずるなり将に至らんとすべし
⑤ 其の難きや将に至るべけんや

解説

「将」に着目！「将」は「まさに――んとす」と読む再読文字です。（↓42ページ）
傍線部を含む文は直後の文と対句になっているので、「将レ至」を参考にすると「将至」は再読文字「将」＋動詞「至」とわかります。

「まさに――べし」と読むのは再読文字「当」「応」なので、①・④・⑤は誤りです。また、傍線部の前後に「易」「難」とあることから「難」は「難」（非難する）ではなく「難」（難しい）と判断できるので、②・④は誤りです。

答 ③

＊重要句形
□以レA為レB　AをBとする・AをBと思う
□将二――一　今にも――しようとする【再読文字】

★重要語句
□～也、――　～は、――
□易　たやすい ↕ 難　むずかしい・困難だ
□対曰　お答えして言うことには

書き下し文・現代語訳

＊重要句形
★重要語句 ｝上段参照

文公郭偃に問ひて曰はく、
晋の文公が臣下の郭偃に質問して言った、

「始め＊や吾国を治むるを＊以て★易しと為すも、今や★難し」と。
「当初は私は国を統治することをたやすいと思っていたが、今は難しいと思っている」と。

★対へて曰はく、「君＊以て★易しと為さば、其の★難き★や＊将に至らんとす。
（郭偃が）お答えして言った、「君主が（統治を）たやすいと思っていれば、それは難しくなるでしょう。

君＊以て★難しと為さば、其の★易き★や将に至らんとす」と。
君主が（統治を）難しいと思っていれば、それはたやすくなるでしょう」と。

2 使役形①「使」を用いる形

句形　（主語）使（しム）二 Ⓐ ヲシテ ―― 一

使役の対象「A」に「ヲシテ」をつける！

読み　（主語）Ⓐをして―しむ

意味　（主語が）Ⓐに―させる

＊Ⓐは使役の対象を表します。

＊「使」のほかに、「令（しム）」「遣（しム）」「教（しム）」「俾（しム）」を用いる形もあります。

（主語）令（しム）二 Ⓐ ヲシテ ―― 一

例文で覚える！

秦王使（ム）三使者（ヲシテ）告（ゲ）二趙王（ニ）一。（『十八史略』）

Ⓐ＝使者

読み　秦王（しんわう）使者（ししや）をして趙王（ちやうわう）に告（つ）げしむ。

意味　秦王は使者に趙王に向けて告げさせた。

構造チェック

秦王［主語］ 使［述語］ 使者［目的語1／使役の対象Ⓐ］ 告［述語］ 趙王［目的語2／目的語］。

「告げること」を「させる」という構造です。

「**使**」は**使役**を示し、「させる」の意味で「しむ」と読みます。

「**使**●A——」は「●Aに——させる」という意味で、「使」の直後の名詞Aに「ヲシテ」を付けて「●Aをして——しむ」と読みます。

「●Aをして」は省略されることもあります。

高得点めざしてレベルアップ！

▼「使」を用いる右ページの例文「秦王使㆔使者告㆓趙王㆒」は、直訳すると『使者』を『趙王に告げる』ことに使う」という意味です。しかし、日本語では使役表現は助動詞を用いて表すので、「使」を使役の助動詞「しむ」とし「～をして…しむ」と訓読するのです。

▼「令」も「使」と同じように用いられます。

例 令ム㆔一兵ヲシテ持タ㆓燭ヲ於傍ニ㆒。（『青瑣高議』）

読み 一兵（いっぺい）をして燭（しょく）を傍（かたはら）に持（も）たしむ。

意味 一人の兵士に灯りをそばで持たせた。

▼古文でも必須！「しむ」の活用は覚えましょう。

基本形	未然形	連用形	終止形	連体形	已然形	命令形
しむ	しめ	しめ	しむ	しむる	しむれ	しめよ

2 使役形②
「命」を用いる形

句形　(主語) 命ジテレ A ニ ― シム

「命じて」「シム」を補う！

読み　(主語) Aに命(めい)じて―しむ

意味　(主語が) Aに―させる

＊Aは使役の対象を表します。

例文で覚える！

命ジテ二故人ニ一書カシムレ之ヲ。(陶潜「飲酒」)

読み　故人(こじん)に命(めい)じて之(これ)を書(か)かしむ。

意味　旧友にこれを書かせた。

構造チェック

述語	目的語1	目的語2
命	故人	書之。
	使役の対象A	述語　目的語

使役を暗示する「命」に着目！

「**命**」は**使役**を暗示する動詞で、「命じて」と読み、「命令して」という意味です。

「**命じて**」とある場合、命令する動作を表す述語に「させる」という意味の送り仮名「**シム**」を補います。

使役を暗示する動詞には、「命」のほかに「**遣**(つかハシテ)」(派遣して)「**説**(とキテ)」(説得して)「**戒**(いましメテ)」(戒めて)「**勧**(すすメテ)」(すすめて)「**召**(めシテ)」(呼びつけて)などがあります。

高得点めざして
レベルアップ!

▼右ページの例文「命二故人一書レ之」は、直訳すると「旧友にこれを書くことを命じる」という意味です。訓読するときには、「誰に」命じたのかを明らかにするために「Aに命じて――しむ」という形をとるのです。

▼古文でも必須!「しむ」の活用は覚えましょう。

基本形	未然形	連用形	終止形	連体形	已然形	命令形
しむ	しめ	しめ	しむ	しむる	しむれ	しめよ

練習問題 4

次の文章は、筆者が父（文中の「魯公」）に連れられて船旅をしたときのことを記したものである。これを読んで後の問いに答えよ。

（センター試験国語Ⅰ・Ⅱ）

魯公命㆑吾呼㆓得一艇㆒来、戯售㆓魚可㆓二十鬣㆒。小大又弗㆑斉。問㆓其直㆒、曰、「三十銭也。」吾使㆓左右如㆑数以㆑銭畀㆑之焉。

（『鉄囲山叢談』）

（注）○艇——小型の漁船。　○售——買い求める。　○鬣——ひれ。魚を数える助数詞。

問　傍線部の解釈として適当なものを、①～⑤から選べ。

① 私は行き交う漁師たちに適正な値段をつけさせ、お金を渡した。
② 私は傍らの漁師に魚の大小に応じて値段をつけさせ、お金を渡した。
③ 私は傍らの漁師に魚の数に見合っただけの値段をつけさせ、お金を渡した。
④ 私は傍らの従者に命じ、求められた金額どおりお金を渡させた。
⑤ 私は傍らの従者に命じ、魚の数と大小とを考えあわせてお金を渡させた。

解説

「使」に着目！　使役の助動詞「使（しム）」を用いた使役形「●Aをして――しむ」の用法です。（↓56ページ）

使役形を踏まえると「吾使（しム）左右（ヲシテ）――（二）」は「私は『左右（＝従者）』に――させる」と訳出できます。傍線部の読みは「銭（ぜに）を以（もつ）て之（これ）に畀（あた）へしむ」となっているので、④・⑤の「お金を（漁師に）渡させた」の意味が適当です。傍線部の直前に「問（二）其（ノ）直（あたひヲ）（一）、曰（ハク）、『三十銭也（ト）。』」とあり、筆者が魚の値段を漁師に尋ね、漁師が「三十銭だ」と答えているので、「如（レ）数（クノ）」は「求められた金額どおり」であると理解できます。　答　④

＊重要句形
□命（めいジテ）（レ）A（ニ）――（シム）　Aに命令して――させる【使役形】
□使（しム）（二）A（ヲシテ）――（一）　Aに――させる【使役形】

★重要語句
□弗（ず）　～しない（＝不）
□左右（さいう）　側近・従者
□如（ごとシ）（二）――（一）　――のとおりだ・――のようだ（＝若）
□以（テ）（レ）A（ヲ）――　Aを――する・Aで――する

書き下し文・現代語訳

＊重要句形
★重要語句　上段参照

魯公（ろこう）＊吾（われ）に命（めい）じて一艇（いちてい）を呼（よ）び得（え）て来（き）たらしめ、
魯公は私に一艘（そう）の漁船を呼んで来させ、

戯（たはむ）れに魚（うを）を售（か）ふこと二十鬣（にじふれふ）ばかりなり。小大（せうだい）又（ま）た斉（ひと）しから★ず。

興にのって二十尾ほどの魚を買い求めた。魚の大きさはやはりみな不揃いだった。


其（そ）の直（あたひ）を問（と）へば、曰（い）はく、「三十銭（さんじふせん）なり」と。

漁師に魚の値段を尋ねると、漁師は「三十銭だ」と言った。


吾（われ）＊★左右（さいう）をして数（かず）の★ごとく★銭（ぜに）を以（もつ）て之（これ）に畀（あた）へしむ。

私は傍らの従者に命じ、（求められた）金額どおり漁師にお金を渡させた。

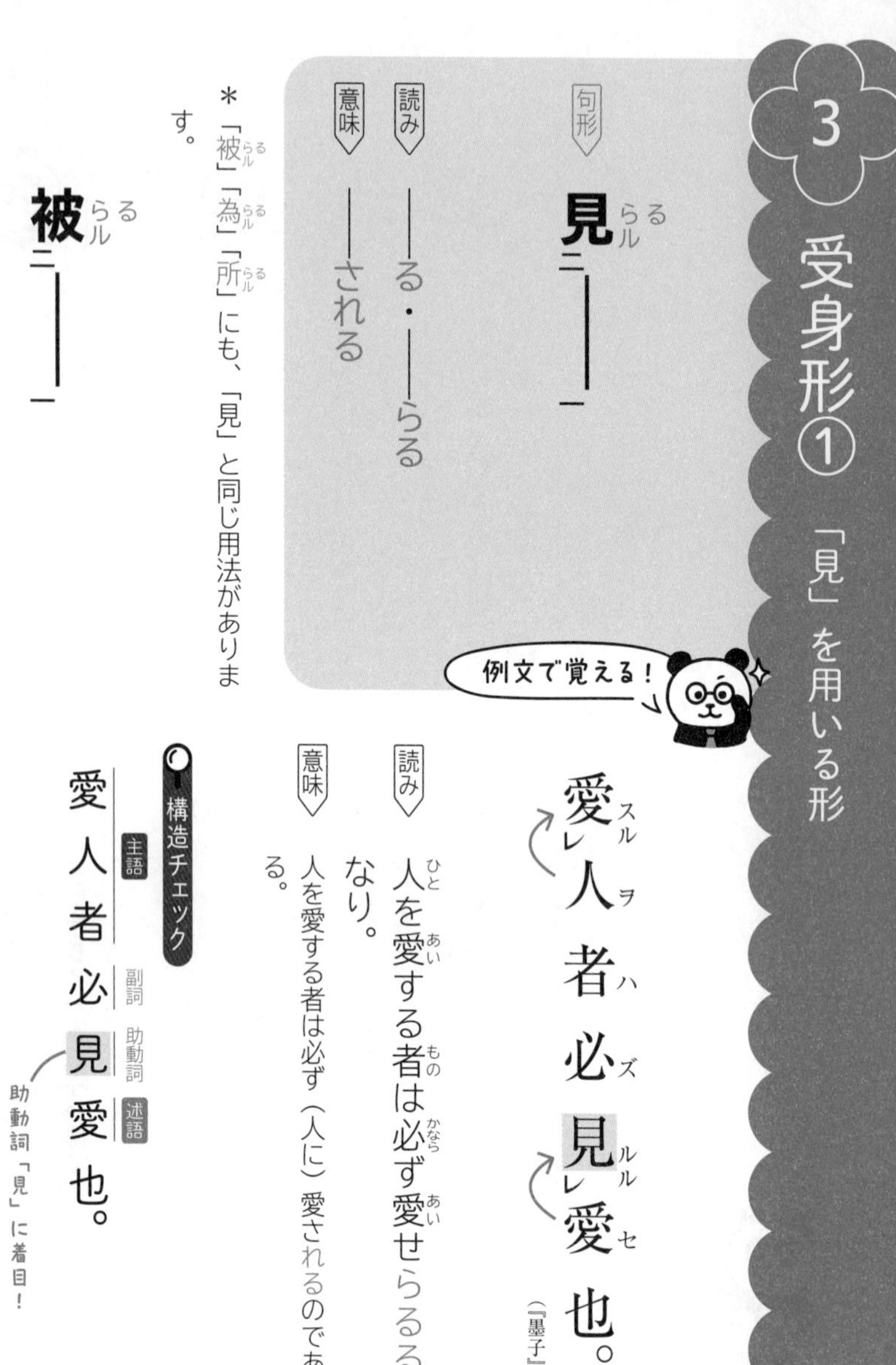

3 受身形①
「見」を用いる形

句形　見(ら)ル(る)ニ――

読み　――る・――らる

意味　――される

＊「被(らる)」「為(らる)」「所(らる)」にも、「見」と同じ用法があります。

被(ら)ル(る)ニ――

愛スルレ人ヲ者ハ必ズ見ルレ愛セ也。（『墨子』）

読み　人(ひと)を愛(あい)する者(もの)は必(かなら)ず愛(あい)せらるるなり。

意味　人を愛する者は必ず（人に）愛されるのである。

構造チェック

愛人者（主語）｜必（副詞）｜見（助動詞）｜愛（述語）也。

助動詞「見」に着目！

「見」は、下に動詞を伴うと**受身**を表します。

受身を表す「見」は、受身の助動詞「る」「らる」として読みます。

「る」「らる」は助動詞なので、書き下し文では**ひらがな**で書きます。

▼「見」は、動詞として「みる」(見える・会う)、「まみゆ」(お目にかかる)、「あらはる」(あらわれる)、「あらはす」(あらわす)と読むこともあります。

▼「る」「らる」のどちらで読むかは、直前に読む動詞の活用の種類によって区別します。

・る……四段動詞の未然形(末尾がア段の音)に接続。
　例 取る↓「取らる」

・らる…四段動詞以外の動詞の未然形(末尾がア段以外の音)に接続。
　例 捕らふ↓「捕らへらる」

▼「見」「被」などの受身の助動詞が文中にないときでも、文脈上受身になる場合は、助動詞「る」「らる」を補って受身として読みます。

▼古文でも必須! 「る」「らる」の活用は覚えましょう。

基本形	未然形	連用形	終止形	連体形	已然形	命令形
る	れ	れ	る	るる	るれ	れよ
らる	られ	られ	らる	らるる	らるれ	られよ

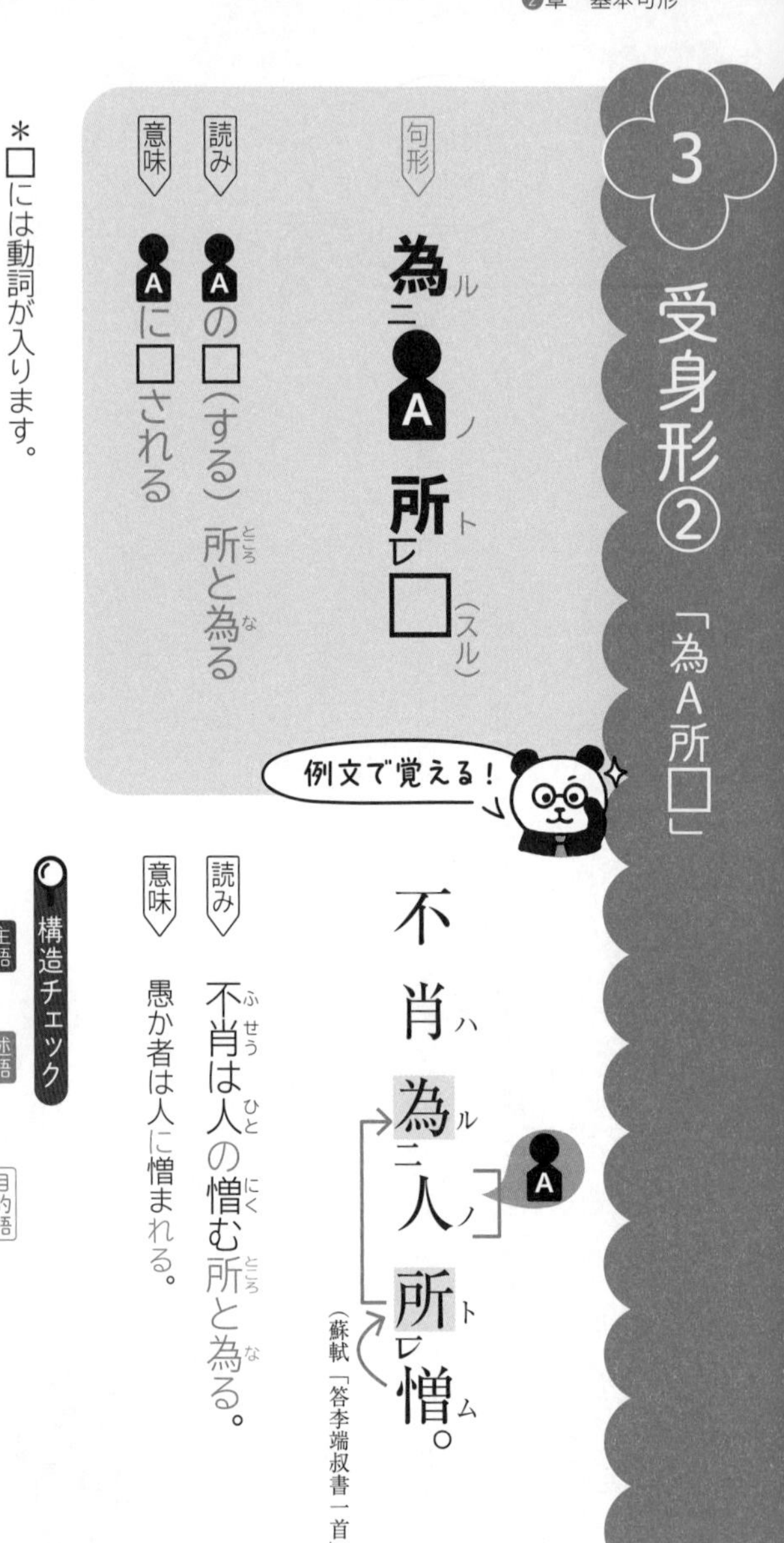

3 受身形②

「為A所□」

句形　為ル二Aノ所トレ□(スル)

読み　Aの□(する)所と為る

意味　Aに□される

＊□には動詞が入ります。

例文で覚える！

不肖ハ為ル二人ノ所トレ憎ム。

（蘇軾「答李端叔書一首」）

読み　不肖は人の憎む所と為る。

意味　愚か者は人に憎まれる。

構造チェック

不肖（主語）　為（述語）　人所憎（目的語）。

「為A所□（動詞）」に注目！

これだけ！

「Aが□する対象」、つまり、「Aが□する相手」の意味

（主語）為ル二 A ノ 所トレ □（スル）

「…になる」という意味で「…トなル」と読む

⬇ という意味なので、「（主語は）Aが□する相手になる」
「（主語は）Aに□される」と訳します。

「□」に置かれる動詞は「所」に返って読むので、**連体形**に活用します。

▼「為ル二 A ノ 所トレ □（スル）」の「A」を省略した「為レ所トレ□（スル）」の形で「□する所と為る」（□される）となることもあります。

3 受身形③

置き字「於」を用いる形

句形　□（ル・ラル）ニ於Ａ（ニ）一

読み　Ａに□る・Ａに□らる

意味　Ａに□される

「ル」「ラル」を補って読む！

＊□には動詞が入ります。

＊「於」の他に、「于」「乎」を用いる形もあります。

□（ル・ラル）ニ于Ａ（ニ）一

□（ル・ラル）ニ乎Ａ（ニ）一

例文で覚える！

治（ムル）レ人（ヲ）者（ハ）食（ハル）ニ於人（ニ）一。（『孟子』）

読み　人（ひと）を治（をさ）むる者（もの）は人（ひと）に食（やしな）はる。

意味　人を治める者は人に養われる。

構造チェック

治人者（主語）｜食（述語）｜於人（於＋□）。

治（述語）人（目的語）

於 → by

「於」の用法に注意！

（↓18ページ　文の構造⑤）

- 置き字の「**於**」は読みませんが、英語でいう前置詞の働きをします。受身形の場合、「於」は英語の「by」のような働きです。（「於」には、受身のほかに場所・対象・起点・比較などさまざまな用法があるので注意しましょう。↓34ページ **置き字③**）
- 「於」が受身を表すときには、受身の助動詞「ル」「ラル」を送り仮名として補って読みます。

▼「見」「被」などと一緒に用いた「見（らる）ルレ□（セ）ニ於A二」という形もあります。その場合の書き下し文は「Aに□（せ）る」「Aに□（せ）らる」となり、「□（セ）ラルニ於A二」と読みも意味も同じです。

▼古文でも必須！「る」「らる」の活用は覚えましょう。

基本形	未然形	連用形	終止形	連体形	已然形	命令形
る	れ	れ	る	るる	るれ	れよ
らる	られ	られ	らる	らるる	らるれ	られよ

練習問題 5

次の文章を読んで後の問いに答えよ。（センター試験）

有（リテ）レ蛇螫（かみテ）殺（シ）レ人（ヲ）、為冥官所追議、法（ハ）当（タル）レ死（ニ）。蛇前（すすミ）訴（ヘテ）曰（ハク）、「誠（ニ）有（リ）レ罪、然（しかレドモ）亦（タ）有（リ）レ功、可（シト）二以（テ）自（ラ）贖（あがなフ）一。」

（孫宗鑑『西畬瑣録』）

（注）○追議——死後、生前の罪を裁くこと。

問　傍線部の返り点の付け方と書き下し文との組合せとして適当なものを、①～⑤から選べ。

① 為三冥官所二追議一　冥官の追議する所と為（な）り
② 為二冥官所追議一　冥官の所に追議を為すは
③ 為二冥官一所二追議一　冥官と為りて追議する所は
④ 為三冥官所二追議一　冥官の追議する所の為（ため）に
⑤ 為冥官所二追議一　為に冥官の追議する所にして

書き下し文・現代語訳

＊重要句形
★重要語句 } 上段参照

蛇有りて螫みて人を殺し、＊冥官の追議する所と為り、

蛇がいて人を噛み殺し、冥界の裁判官に死後、生前の罪を裁かれ、

法は死に当たる。蛇前み訴へて曰はく、

刑罰は死罪に相当していた。蛇が進み出て訴えて言った、

「誠に罪有り、★然れども★亦た功有り、

「(私には) たしかに罪があります、しかし同様に功績もあります、

★以て★自ら贖ふべし」と。

(その功績によって) 自分の罪を贖うことができます」と。

解説

受身形「為ニＡ所レ動詞」に着目！
「為ニＡ所レ動詞(スル)」は、「Ａの動詞(する)所と為る」と読み、「Ａに動詞される」の意味です。
(→64ページ)

直前の「有レ蛇螫殺レ人」から、傍線部の主語は「蛇」で、「追議」の注から、「蛇」の罪が「冥官」によって裁かれる場面とわかります。傍線部には受身形「為ニＡ所レ動詞」が用いられており、Ａ＝「冥官」、動詞＝「追議」で、「冥官の追議する所と為る」と読むとわかります。

答 ①

＊重要句形
□為ニＡ所レ□ Ａに□される【受身形】

★重要語句
□然レドモ しかし
□亦タ やはり
□可ニ以テ――一 ――できる
□自ラ 自分で

4 否定形①　単純否定「不」

句形　不（ず）ニ―――

読み　―――ず

意味　―――しない

＊「不」のほかに、「弗」を用いることもあります。

弗（ず）ニ―――

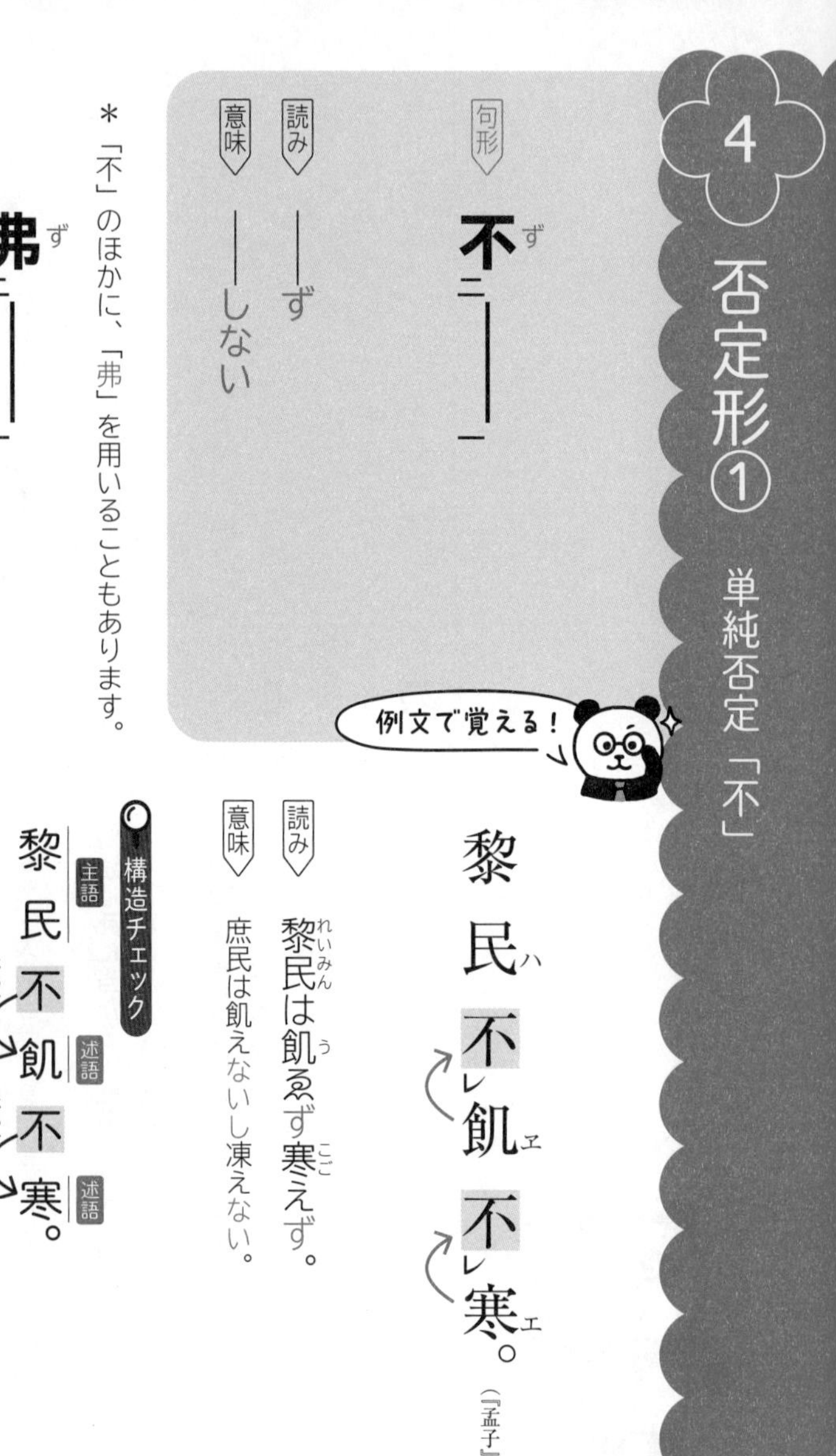

黎民ハ不レ飢ヱ不レ寒エ。（『孟子』）

読み　黎民（れいみん）は飢（う）ゑず寒（こご）えず。

意味　庶民は飢えないし凍えない。

構造チェック

黎民（主語）　不（否定）飢（述語）　不（否定）寒（述語）。

「不」が直後の「飢」「寒」をそれぞれ否定しています。

これだけ!

「**不**」は、下に置かれた動作や状態を否定する働きを持つ否定語として「**ず**」と読みます。

高得点めざしてレベルアップ!

▼「不」は活用語の未然形に接続します。

▼古文でも必須!「ず」の活用は覚えましょう。

基本形	未然形	連用形	終止形	連体形	已然形	命令形
ず	ず ざら	ず ざり	ず	(ぬ) ざる	(ね) ざれ	ざれ

*漢文の訓読では、「ず」の連体形「ぬ」と已然形「ね」は使いません。

▼否定文を重ねる「否定の連用」という用法もあります。

例 不ンバレ入ラ二虎穴ニ一、不レ得二虎子ヲ一。(『後漢書』)

読み 虎穴(こけつ)に入(い)らずんば、虎子(こし)を得(え)ず。

意味 虎の穴に入らなければ、虎の子を手に入れることはできない。

前半の否定文で「虎の穴に入らなければ」と条件を示し、後半の否定文で「虎の子を手に入れることはできない」と結果を表します。

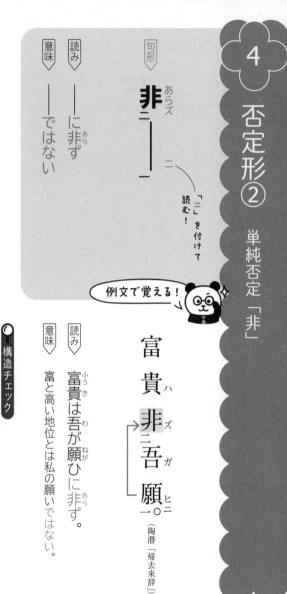

4 否定形②

単純否定「非」

句形　非ニ ━━ ニ（あらズ）

「ニ」を付けて読む！

読み　━━に非（あら）ず

意味　━━ではない

例文で覚える！

富貴ハ非ズ二吾ガ願ヒニ一。（陶潜「帰去来辞」）

読み　富貴（ふうき）は吾（わ）が願（ねが）ひに非（あら）ず。

意味　富と高い地位とは私の願いではない。

構造チェック

富貴（主語）　非（否定）　吾願（述語）。

「富貴＝吾願」を「非」で否定します。

「非」は、下に置かれた内容や事柄を否定する働きを持つ否定語として「あらず」と読みます。

「非」に返るときは、必ず「に」を送り仮名として付けます。

▼「非」には「非ず(あらず)」のほかに、動詞として「そしる」(人を悪く言う・非難する)と読む用法や、名詞として「ひ」(誤り)と読む用法もあります。「非(ひ)」の対義語は「是(ぜ)」(正しいこと)です。

▼「非(あらズ)」の直前の「に」は、断定の助動詞「なり」の連用形です。

4 否定形③

単純否定「無」

句形　無(なシ)ニ――

読み　――無(な)し

意味　――がない

＊「無」のほかに、「莫(なシ)」「勿(なシ)」「毋(なシ)」を用いることもあります。

莫(なシ)ニ――

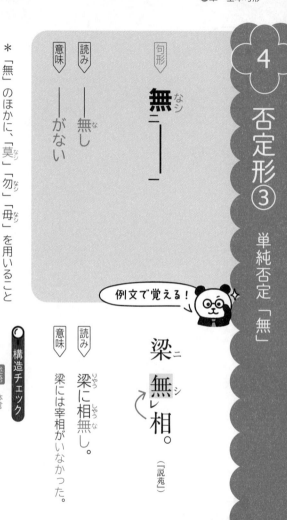

例文で覚える！

梁ニ無(シ)レ相。（『説苑』）

読み　梁(りやう)に相(しやう)無(な)し。

意味　梁には宰相がいなかった。

構造チェック

梁　無（述語・否定）　相（体言）。

「無」が「相」の存在を否定します。

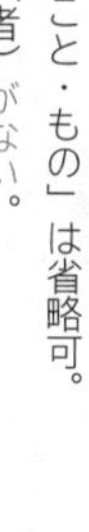

- 「無(シ)」は「有(リ)」の対義語で、直後に置かれた語に付いて、存在（～がある・～がいる）や所有（～を持っている）を**否定**します。
- 「無(なカレ)ニ——ニ」「勿(なカレ)ニ——ニ」などと命令形で読む場合は**禁止**表現で、「**——してはならない**」と訳します。

例 勿(カレ)レ傷(ツクル)ニ吾(ガ)仁(ヲ)一。（『説苑』）

読み 吾(わ)が仁(じん)を傷(きず)つくる勿(な)かれ。

意味 私の仁徳を傷つけてはならない。

高得点めざしてレベルアップ！

▼「無」は体言（＝名詞）や活用語の連体形に接続し、「無(シ)」の下に活用語が来るときは「——(する)(こと)無し」「——(する)(もの)無し」と読みます。

例 無(シ)レ対(フル)。

読み 対(こた)ふる（こと・もの）無(な)し。

＊「こと・もの」は省略可。

意味 お答えすること（者）がない。

4 否定形④ 二重否定「莫不―」

句形　莫（なシ）レ不（ざル（ハ））ニ――一

読み　――ざる（は）莫（な）し

意味　――しないもの（こと）はない
みな――する・必ず――する

＊「莫」のほかに、「無（なシ）」「勿（なシ）」「毋（なシ）」を用いることもあります。

無（なシ）レ不（ざル（ハ））ニ――一

例文で覚える！

人莫（キ）レ不（ル（ハ））ニ飲食（セ）一也。
（『中庸』）

読み　人（ひと）飲食（いんしょく）せざる（は）莫（な）きなり。

意味　飲食しない人はいない。
人はみな飲食する。

構造チェック

主語　人　莫　不　飲食　述語　也。

否定　否定

「飲食しない（不）」ことを「莫」が否定しています。

二重否定は、否定語(「莫」「不」「非」「無」など)を二つ重ねて**強い肯定**を表します。

「莫[シ]レ不[ル(ハ)]ニ――ニ」では、「莫」が**直後**の「不――」の存在を否定するので、「――しないこと(もの)はない」「みな(必ず)――する」と**強い肯定**を表すことになります。

「莫[シ]レ不[ル(ハ)]ニ――ニ」のほかに、「非[ズ]レ不[ル]ニ――ニ」「無[シ]レ非[ザル(ハ)]ニ――ニ」などの形もあります。

㊀ 不[ル]レ為[サ]也、非[ザル]レ不[ルニ]レ能[クセ]也。(『孟子』)
読み 為さざるなり、能くせざるに非ざるなり。
意味 しないのであって、できないのではない。

高得点めざしてレベルアップ!

2 基本句形

▼二重否定で、否定語の間に**体言**(=名詞)が置かれる形もあります。

無[シ]ニA[トシテ]不[ル(ハ)]ニ――ニ(A=体言)
読み Aとして――ざる(は)無し
意味 ――しないAはない・どんなAでも――する

㊀ 無[シ]ニ夕[トシテ]不[ルハ]レ飲[マ]。(陶潜「飲酒序」)
読み 夕として飲まざるは無し。
意味 (酒を)飲まない夜はない。

体言(A)に「トシテ」と送り仮名を付けることに注意しましょう。

句形

未ダ嘗テ不ンバアラ一（いまダかつテずンバアラ）ず

「ずんばあらず」の読みに注意！

読み　未だ嘗て――ずんばあらず

意味　これまで――しなかったことがない
いつも必ず――する

例文で覚える！

吾未ダ嘗テ不ンバアラ得レ見ユルヲ。（『論語』）

読み　吾未だ嘗て見ゆるを得ずんばあらず。

意味　私はこれまでお目通りできなかったことがない。／私はいつも必ずお目通りできる。

構造チェック

吾（主語）未嘗（副詞）不得（不可能）見（述語）。

否定：未　否定：不

「未」と「不」が否定する範囲に注意！

これだけ！

「未嘗不――」は、「未ダ嘗テ――ずニ」＋「不ニ――ニ」の形の**二重否定**です。「未ダ嘗テ――ニ」（これまで――したことがない）が「不ニ――ニ」（――しない）を否定し、「これまで――しなかったことがない」「いつも必ず――する」と強く肯定します。

「未だ嘗て――ずんばあらず」という独特の読み方に注意が必要です。

▼「未嘗不――」の「不」の代わりに「無」「非」が用いられることもあります。

㊀ 天下未ダ嘗テ無クンバアラ賢者ニ。（『管仲論』）

読み 天下未だ嘗て賢者無くんばあらず。

意味 天下にこれまで賢者がいなかったことがない。

4 否定形⑥ 二重否定「不可不—」

句形 不レ可レ不二——一（ず・ベカラ・ざル）

読み ——ざるべからず

意味 ——しなければならない

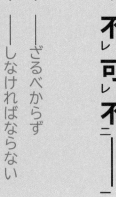

例文で覚える！

人ハ不レ可カラレ不ルニ自ラ勉メ一。（『後漢書』）

読み 人は自ら勉めざるべからず。

意味 人は自分自身で努力しなければならない。

構造チェック

高得点めざして
レベルアップ！

これだけ！

「不可不――」は、**不可能**表現「不レ可(カラ)二――一」（――できない）が「不二――一」（――しない）をさらに否定する形と考えればよいでしょう。

不レ可 ――（――できない）＋ 不二――一（――しない）

＝ 不レ可レ不二――一（――しないことができない

⇩ **――しなければならない**）

▼否定語＋可能「可・能・得」は、不可能を表します。

不(ず)レ可(ベカラ)二――一(ス)　意味 ――できない

不(ず)レ能(あたハ)二――一(スル)(コト)　意味 ――できない

不(ず)レ得(え)二――一(スル)ヲ　意味 ――できない

▼「不可不――」のほかに、「不(ず)レ能(あたハ)レ不(ざル)二――一」「不(ず)レ得(え)レ不(ルヲ)二――一」（――しないわけにはいかない）の形もあります。

例 不レ得レ不(ルヲ)レ除(カ)レ之(ヲ)。（『世説新語』）

読み 之(これ)を除(のぞ)かざるを得(え)ず。

意味 この者を排除しないわけにはいかない。

練習問題 6

次の文章を読んで後の問いに答えよ。（早稲田大学・改）

武蔵坊弁慶、生未数月、有食牛之気。幼時、父命登叡山、入某師室、受剃度。及長、俶儻不羈、与老壮僧徒、無日不諍闘。

（『桑華蒙求』）

（注）○食牛之気――牛をも飲み込むほどの大きな気性。　○叡山――比叡山。　○剃度――髪を剃り落として僧になる。
○俶儻不羈――物事にとらわれず奔放である。

問　傍線部の解釈として適当なものを、①～⑤から選べ。

①　老年壮年の僧徒のために、いさかいを起こさないようにした
②　老年壮年の僧徒とは、一日と経たずにいさかいを起こさないようになった
③　老年壮年の僧徒との間で、いさかいを起こさない日は無かった
④　老年壮年の僧徒と仲間になって、すぐにいさかいを起こさなくなった
⑤　老年壮年の僧徒と徒党を組み、いさかいを起こさない日は無かった

解説

二重否定「無三A 不二―一」に着目！「無三A 不二―一」は「Aとして―（せ）ざるは無し」と読み、「どんなAでも―する」の意味。（↓77ページ）

傍線部前半の「与」は頻出の重要語で、返読して「と」と読む用法です。「与二老壮僧徒一」は「（弁慶が）老年・壮年の僧徒と」の意味です。後半は否定語「無」「不」を用いた二重否定であることをおさえれば、「無三日トシテ不二諍闘セ一」（日として諍闘せざるは無し）、つまり「諍闘しない日はなかった」と訳せます。

答 ③

＊重要句形

□未ダ―ず　まだ―しない・―しない【再読文字】

□命ジテ（レA）―シム　（Aに）命令して―させる【使役形】

□無シA トシテ 不ザルハ―　どんなAでも―する【否定形】

★重要語句

□長ズ　成長する

□与―　―と・―と一緒に

書き下し文・現代語訳

＊重要句形
★重要語句 ｝上段参照

武蔵坊弁慶、生まれて＊未だ数月ならざるに、食牛の気有り。

武蔵坊弁慶は、生まれてからまだ数か月もたたないのに、牛をも飲み込むほどの大きな気性（＝傑出した人物の素養）があった。

幼き時、父＊命じて叡山に登り、某師の室に入りて、剃度を受けしむ。

幼い頃、父が（弁慶に）命令して比叡山に登らせ、某という法師の部屋に入って、剃髪して出家させられた。

★長ずるに及び、倜儻不羈にして、

成長して大人になると、物事に拘束されずに行動が自由気ままで、

＊老壮僧徒★と、日として諍闘せざるは無し。

老年・壮年の僧徒との間で、争いを起こさない日はなかった。

4 否定形⑦

部分否定「不必―」

句形　不₂必ズシモ―₁（ず　かならズシモ）

読み　必ずしも―ず

意味　必ずしも―とは限らない

例文で覚える！

勇者ハ不₂必ズシモ有₁ラ仁。（『論語』）

読み　勇者は必ずしも仁有らず。

意味　勇者は必ずしも仁を備えているとは限らない。

構造チェック

勇者（主語）不（否定）必（副詞）有（述語）仁（目的語）。

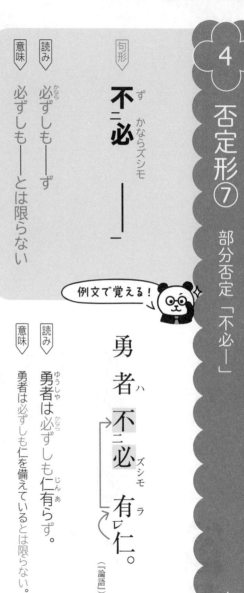

これだけ！

- **部分否定**では、「不」などの否定語が、下に置かれた「必――」などの**程度や頻度を表す副詞を用いた内容**を否定します。
- **部分否定**と**全部否定**の違いは**語順**で判断しましょう。**部分否定**では、「不」が下の副詞を伴う動詞を否定するのに対し、**全部否定**では「不」が下の動詞を否定します。

【部分否定】 不㆓必ズシモ言㆒ハ。（否定）
意味 必ずしも言うとは限らない。

【全部否定】 必ズ＋不㆑言ハ。（否定）
意味 必ず（絶対に）言わない。

▼「必」以外の副詞を用いた部分否定「不常――」「不尽――」などもあります。

例 家貧ニシテ不㆓常ニハ得㆒油ヲ。（『蒙求』）
読み 家貧（いへひん）にして常（つね）には油（あぶら）を得（え）ず。
意味 家が貧しくていつも油を得られるとは限らなかった。

▼部分否定では、副詞の読み方に注意が必要です。

		部分否定
必（かならズ）	↓	不㆓必（かならズシモ）――㆒
常（つねニ）	↓	不㆓常（つねニハ）――㆒
尽（ことごとク）	↓	不㆓尽（ことごとクハ）――㆒
倶（ともニ）	↓	不㆓倶（ともニハ）――㆒
甚（はなはダ）	↓	不㆓甚（はなはダシクハ）――㆒

4 否定形⑧

特殊な否定形「不敢―」

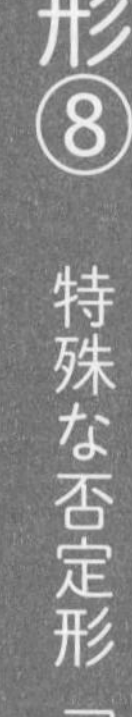

句形　不〔ず〕二敢〔あヘテ〕―一

読み　敢〔あ〕へて―ず

意味　進んでは―しない　決して―しない

例文で覚える！

秦不二敢〔ヘテ〕動〔カ〕一。（『史記』）

読み　秦〔しん〕敢〔あ〕へて動〔うご〕かず。

意味　秦は進んでは動かなかった。

構造チェック

秦（主語）　不（否定）　敢（副詞）　動（述語）。

「不敢―」の語順がポイント！

高得点めざしてレベルアップ！

これだけ！

「**敢**」は「**進んで――する**」「**思い切って――する**」の意味です。「不」が直後の「敢」を伴う動詞を否定して、「**自ら進んでは――しない**」「**――しようとしない**」「**決して――しない**」の意味になります。

「**不敢――**」と「**敢不――**」では意味が変わるので注意しましょう。

【否定形】 不ニ敢ヘテ言ハ。

読み 敢へて言はず。

意味 決して言わない。

【反語形】 敢ヘテ不ラン(ヤ)レ言ハ。

読み 敢へて言はざらん（や）。

意味 どうして言わないことがあろうか、いや、きっと言う。

▼二重否定「不敢不――」の形で用いることもあります。

例 不ルニ敢ヘテ不ンバアラレ告ゲ也。（『論語』）

読み 敢へて告げずんばあらざるなり。

意味 どうしても告げないわけにはいかないのである。

▼特殊な否定形として「不復――」（もう二度と――しない）の形もあります。

例 終身不ニ復タ鼓セレ琴ヲ。（『呂氏春秋』）

読み 終身復た琴を鼓せず。

意味 生涯もう二度と琴を弾かなかった。

練習問題 7

次の文章は、名医の扁鵲（へんじゃく）が秦の武王の病を診察したときの話である。これを読んで後の問いに答えよ。

（静岡大・改）

扁鵲請フレ除カンコトヲ。左右曰ハク、「君之病ハ、在リ二耳之前、目之下ニ一。除之、未必已也。将（まさニ／すト）レ使メント下耳ヲシテ不カラレ聡、目ヲシテ不（ざラ）上レ明ラカナラ。」君以テ告グ二扁鵲ニ一。扁鵲怒リテ而投ゲテ二其ノ石ヲ一曰ハク、「君与（と）二知ルレ之ヲ者一謀（はかリテ）レ之ヲ、而与二不ルレ知ラ者一敗ルレ之ヲ。使（もシ）此（かくノゴトクシテ）知セバ二秦国之政（まつりごとヲ）一也、則チ君一挙ニシテ而亡ボサントレ国ヲ矣。」

（『戦国策』）

（注）○石――石でつくった医療用の針。

問　傍線部の返り点の付け方と書き下し文との組合せとして適当なものを、①～④から選べ。

① 除レ之、未レ必已也　　之を除きて、未だ必ず已ゆるなり
② 除レ之、未二必已一也　　之を除かば、未だ必ずしも已ゆるなり
③ 除レ之、未二必已一也　　之を除くも、未だ必ずしも已えざるなり
④ 除レ之、未レ必已也　　之を除くも、未だ必ず已えざるなり

解説

再読文字「未」を用いた部分否定「未必――」に着目！（↓84ページ）

傍線部後半の「未＋必＋已」は「否定語＋副詞＋述語」の語順から、部分否定とわかります。部分否定の場合、副詞「必」は「必ずしも」と読むので、正解は②か③のどちらかに絞ることができます。④は再読文字「未だ～ず」の用法に誤りがあるので、正解は③です。 答 ③

＊重要句形
- □未必―― 必ずしも――とは限らない【否定形】
- □将―― 今にも――しようとする【再読文字】
- □使A―― Aに――させる【使役形】
- □使―― もし――ならば【仮定形】

★重要語句
- □左右 側近・従者
- □与――― ――と・――と一緒に
- □知 治める
- □――則―― ――ならば【条件】

書き下し文・現代語訳

＊重要句形 ★重要語句 ｝上段参照

扁鵲除かんことを請ふ。
扁鵲は（武王の病を）取り除く（＝治療する）ことを願い出た。

★左右曰はく、「君の病は、耳の前、目の下に在り。之を除くも、＊未だ必ずしも已えざるなり。
（武王の）側近は言った、「殿の病は、耳の前、目の下にあります。これを取り除いたとしても、必ずしも治るとは限りません。

＊将に耳をして聡からず、＊目をして明らかならざらしめんとす」と。君以て扁鵲に告ぐ。
（かえって）耳が聞こえず、目が見えなくなってしまうでしょう」と。武王は（側近の言葉を）扁鵲に告げた。

扁鵲怒りて其の石を投げて曰はく、「君之を知る者★と之を謀りて、知らざる者★と之を敗る。
扁鵲は怒って石でつくった医療用の針を放り投げて言った、「殿は病を知る者と相談して、病を知らない者と（治療を）損なってしまいました。

＊使し此のごとくして秦国の政を★知せば、★則ち君一挙にして国を亡ぼさん」と。
もしこのように秦国の統治を行ったならば、殿は一気に国を滅ぼしてしまうでしょう」と。

5 疑問形・反語形①

「乎」を用いる形

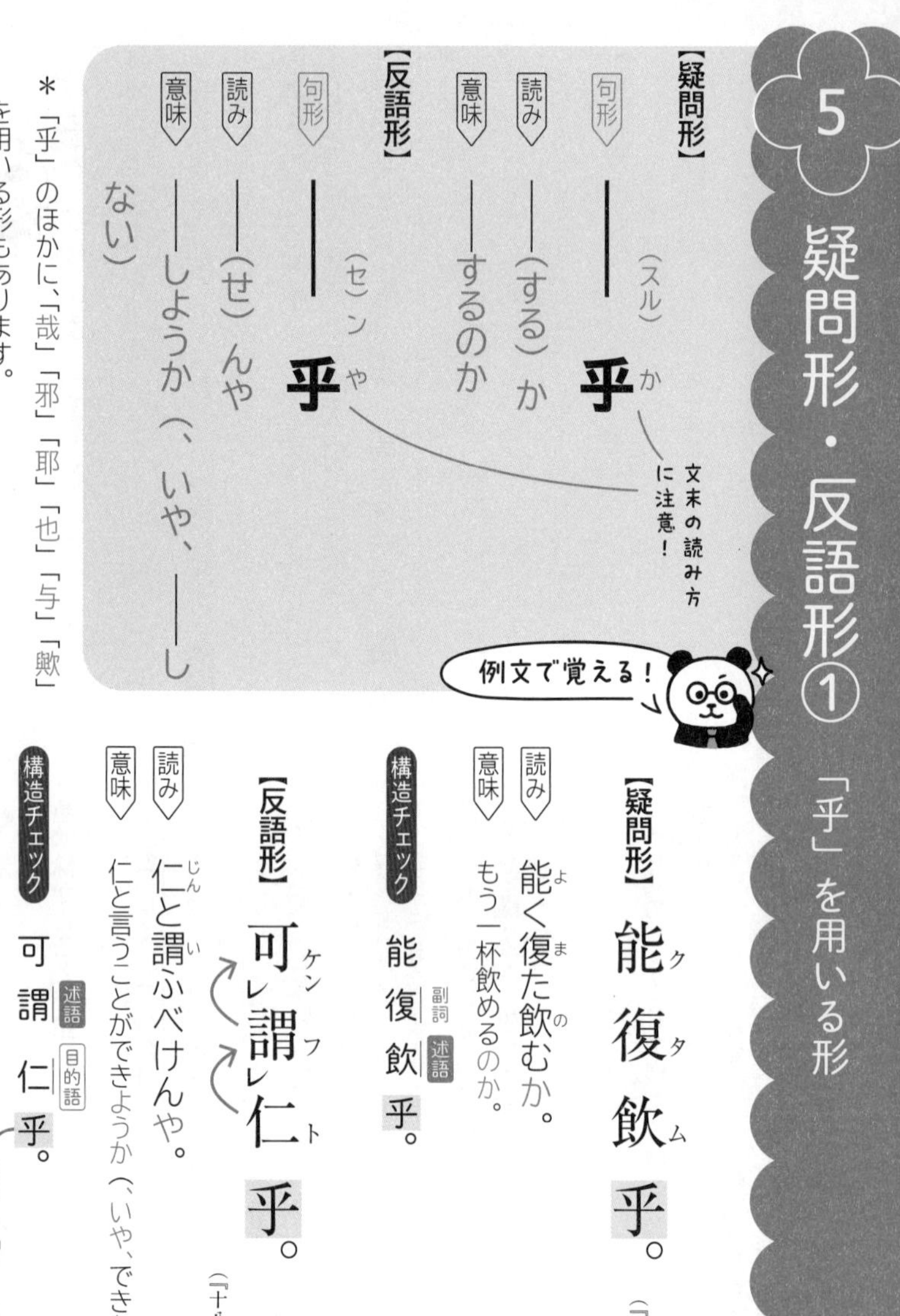

【疑問形】

句形　――（スル）乎（か）

読み　――（する）か

意味　――するのか

【反語形】

句形　――（セ）ン乎（や）

読み　――（せ）んや

意味　――しようか（、いや、――しない）

文末の読み方に注意！

＊「乎」のほかに、「哉」「邪」「耶」「也」「与」「歟」を用いる形もあります。

例文で覚える！

【疑問形】

能ク復タ飲ム乎。（『史記』）

読み　能（よ）く復（ま）た飲（の）むか。

意味　もう一杯飲めるのか。

構造チェック　能　復［副詞］　飲［述語］　乎。

【反語形】

可ケン謂フ仁ト乎。（『十八史略』）

読み　仁（じん）と謂（い）ふべけんや。

意味　仁と言うことができようか（、いや、できない）。

構造チェック　可　謂［述語］　仁［目的語］　乎。

句末の「乎」に注目！

「**乎**」は、**疑問・反語**を表す助詞で、**文末**で用いられて「**?**」（クエスチョンマーク）のような働きをします。

疑問形と**反語形**は、用いる助詞も文の構造も同じで、訓読するときには句末の読み方や**文脈上の意味**で見分けます。

【疑問形】
句末の読み方　**連体形＋か・や**
文脈上の意味　――するのか
↓直後に相手の返答・反応があるかどうかに着目

【反語形】
句末の読み方　**未然形＋ん＋や**
文脈上の意味　――しようか（、いや、――しない）
↓反語は否定の強調表現なので、意味上は**否定文**になる

高得点めざしてレベルアップ！

▼**反語形**では、可能の助動詞「可(ベシ)」は「べけ」と読み、「可(ベケン)ニ――乎(ヤ)」（――べけんや）となります。「べけ」は漢文訓読で反語のときだけに用いる特殊な未然形です。

▼疑問文で「**不**」「**有**」を用いる場合、「終止形＋や」の形で「――ずや」「――有りや」と読むことがあります。

▼「也」は、単独で疑問・反語形を作ることは少なく、通常は「何(なんゾ)」などの疑問詞と一緒に用いられます。

▼「乎」「哉」には、「かな」（～だなあ）と読む詠嘆の用法もあります。

5 疑問形・反語形②

疑問詞を用いる形

【疑問形】

句形　何（なんゾ）――（スル）乎（や）

読み　何（なん）ぞ――（する）や

意味　どうして――するのか

【反語形】

句形　何（なんゾ）――（セン）乎（や）

読み　何（なん）ぞ――（せ）んや

意味　どうして――しようか（、いや、――しない）

＊「何（なんゾ）」のほかに、「奚（なんゾ）」「胡（なんゾ）」「曷（なんゾ）」を用いる形もあります。

＊「乎」のほかに、「哉」「邪」「耶」「也」「与」「歟」を用いる形もあります。

例文で覚える！

【疑問形】

何（ゾ）泣（ク）也。（『史記』）

読み　何（なん）ぞ泣（な）くや。

意味　どうして泣くのか。

構造チェック　何泣（述語）也。

【反語形】

吾何（ゾ）畏（レン）レ彼（ヲ）哉。

読み　吾（われ）何（なん）ぞ彼（かれ）を畏（おそ）れんや。

意味　私がどうして彼を恐れたりしようか（、いや、恐れたりはしない。）

構造チェック　吾（主語）何畏（述語）彼（目的語）哉。

これだけ！

- **疑問詞**は、述語の**前**に付いて**「どうして」「どうやって」「なにを」**などの意味を表します。「何（なんゾ）」以外にもさまざまな疑問詞があります。
- 疑問詞と一緒に句末の助詞「乎」「哉」「耶」などを用いるときは、原則として「**や**」と読みます。「乎」がなくても意味は変わりません。
- **疑問形**と**反語形**は、用いる疑問詞も文の構造も同じで、訓読するときには句末の読み方や**文脈上の意味**で見分けます。（↓91ページ **これだけ！**）

▼主な疑問詞

どうして…何（なんゾ）・何為（なんすレゾ）・何以（なにヲもつテ(カ)）
豈（あニ）（基本的に反語で使用）
安（いづクンゾ）（＝悪（いづクンゾ）・焉（いづクンゾ）・寧（いづクンゾ）・烏（いづクンゾ））

どうやって…何以（なにヲもつテ(カ)）

なにを…何（なにヲカ）・何以（なにヲもつテ(カ)）

いつ…何時（いづレノとき(カ)）

どこ…何（いづクニカ）・何処（いづレノところ(カ)）・安（いづクニカ）（＝悪（いづクニカ）・焉（いづクニカ））

だれが…誰（たれカ）・孰（たれカ）

どちらが…孰（いづレカ）

どれほど…幾何（いくばく）

練習問題 8

次の文章を読んで後の問いに答えよ。

（中京大・改）

存（みル）二乎人（ヲ）一者、莫（シ）レ良（キハ）二於眸（ぼう）子（ヨリ）一。眸子（ハ）不レ能（ハ）レ掩（おほフ）二其（ノ）悪（ヲ）一。胸中正（シケレバ）、則（チ）眸子瞭（あきラカナリ）焉。胸中不レ正（シカラ）、則（チ）眸子眊（くらシ）焉。聴（キテ）二其（ノ）言（ヲ）一也、観（レバ）二其（ノ）眸子（ヲ）一、人焉（クンゾ）廋（かくサン）哉。

（『孟子』）

（注）○眸子――瞳。

問 傍線部の解釈として適当なものを、①～⑤から選べ。

① 人はどうして隠してしまうのか。
② 人はどこに隠してしまったのか。
③ 人がどうして隠しきれようか。
④ 人がどこに隠したりしようか。
⑤ 人はなんでも隠してしまうことよ。

解説

着目！「焉」は「いづくんぞ」
疑問……して」という意味の疑問詞です。文末
……詞「哉」も付いているので、傍線部は疑問形か
反語形だとわかります。(↓90ページ)

述語「廋」は「廋(かく)さん」と読んでいます。疑問詞が付いて句末を「未然形＋ん(や)」で読むのは反語形です。選択肢の中で反語の訳になっているのは③と④です。「焉」は「どこに」の意味のときは「焉(いづクニカ)」と読むので、「焉(いづクンゾ)」の意味を正しく捉えているのは③です。

答 ③

＊重要句形
□莫(なシ)□於(ヨリ)――(ハ)　――より□なものはない【最上形】
□焉(いづクンゾ)――哉(ンや)　どうして――しようか(、いや、――しない)【反語形】

★重要語句
□乎　置き字(＝於・于)
□〜者(は)、――　〜は、――
□不(ず)能(あたハ)――(ニ)　――できない
□――則(すなはチ)――(バ)　――ならば【条件】

2 基本句形

書き下し文・現代語訳

＊重要句形 ★重要語句 上段参照

人を存る★は、＊眸子より良きは莫し。眸子は其の悪を掩ふ★能はず。
人物を見分けるには、瞳より良いものはない。瞳はその人の悪い心を覆い隠すことができない。

胸中正しければ、★則ち眸子瞭らかなり。
心の中が正しければ、瞳は明るく澄んでいる。

胸中正しからざれば、★則ち眸子眊し。
心の中が正しくなければ、瞳は暗く曇っている。

其の言を聴きて、其の眸子を観れば、＊人焉くんぞ廋さんや。
人の言葉をよく聞いて、その瞳をよく見れば、人がどうして(心の中を)隠しきれようか(、いや、隠しきることはできない)。

5 疑問形・反語形③ 「いかん（何如／如何）」

句形　――ハ何如(いかん)

読み　――は何如(いかん)

意味　――はどうだろうか【疑問形】

句形　如(いか)ニ――ヲ一何(セン)

読み　――を如何(いかん)せん

意味　――をどうすればよいのか【疑問形】

――をどうすればよいのか（、いや、どうしようもない）【反語形】

＊「若何」[illegible]「何如(いかん)」と同じ意味で用いられます。[illegible]「如何(いかんセン)」と同じ意味で用いられます。

例文で覚える！

今日之事ハ何若。（『史記』）

読み　今日(こんにち)の事(こと)は何若(いかん)。

意味　今日の事態はどうだろうか。

構造チェック　今日之事（主語）何若（述語）。

如ニ吾ガ民ヲ一何セン。（柳宗元「送薛存義之任序」）

読み　吾(わ)が民(たみ)を如何(いかん)せん。

意味　民衆をどうすればよかろうか。

構造チェック　如吾民（目的語）何。（述語）

「如何セン」の間に目的語が入ります。

高得点めざして
レベルアップ！

「**何如**」は、「いかん」と読み、「どうだろうか」と**状態・様子**を問う疑問詞です。「何如」は反語としては用いません。

「**如何**」は、「いかんせん」と読み、「どうすればよいのか」と**手段・方法**を問う疑問詞です。**疑問形**か**反語形**かは、文脈で判断します。

「**如何**」の目的語「――ヲ」は、「如」と「何」の間に置き「如ニ――ヲ何（セン）」となります。

▼「如何」は文脈によっては「何如（いかん）」と同じ状態・様子を問う用法になります。

▼「如何＋述語」の語順のとき、「如何」は「如何（いかんゾ）」と読み、「どうして」と理由・原因を問う疑問詞となります。「若何（いかんゾ）」「奈何（いかんゾ）」も同じ意味で用いられます。

▼「如ニ――ヲ何（セン）」の目的語「――ヲ」は、強調するために倒置して「――ハ如何（セン）」という形になることがあります。

5 疑問形・反語形④

特殊な疑問形

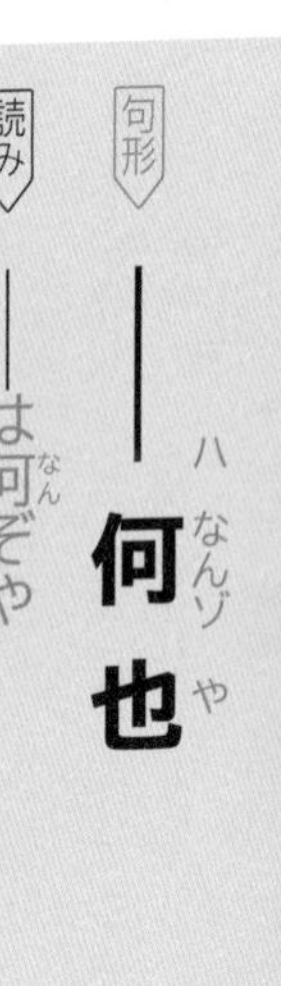

句形　――何也（なんゾや）

読み　――は何（なん）ぞや

意味　――はどうしてか
――はどういうことか

句形　――否（いなヤ）

読み　――や否（いな）や

意味　――するのか（、しないのか）

＊「不（いなヤ）」も「否（いなヤ）」と同じ意味で用いられます。
――不（いなヤ）

例文で覚える！

以（もつ）テ二斉国ヲ一無キハレ士何ゾ也。（『公孫竜子』）

読み　斉国（せいこく）を以（もつ）て士（し）無（な）きは何（なん）ぞや。

意味　斉の国に人材がいないのはどうしてか。

構造チェック　以斉国（以＋□・主語）　無（述語）士（主語）　何也（述語）。

汝識ルヤ二其ノ人ヲ一否ヤ。（『広陽雑記』）

読み　汝（なんぢ）其（そ）の人（ひと）を識（し）るや否（いな）や。

意味　おまえはその人を知っているのか。

構造チェック　汝（主語）　識（述語）　其人（目的語）　否。
句末に注目！

「**何也**」は、文末に付いて「なんぞや」と読み、「どうしてか」と理由を問うたり、「どういうことか」と内容を問うたりする疑問詞です。

「**否**」は、文末に付いて「いなや」と読み、直前の述語について問う働きをします。

高得点めざしてレベルアップ！

▼「――何也（なんゾや）」の「也」が省略された「――何（なんゾや）」の形になることもありますが、意味は変わりません。

▼「不」は、「不＋述語」の形では否定詞「ず」ですが、文末に付くと疑問詞「いなや」になります。文中での位置に注意しましょう。

▼文末に付く疑問詞としては、ほかに「幾何（いくばくゾ）」があり、「どれほどか」（疑問）、「どれほどもない」（反語）という意味になります。

5 疑問形・反語形⑤

特殊な反語形

句形 敢不ニ――一（乎）（あヘテ　ざラン　や）

読み 敢へて――ざらん（や）

意味 どうして――しないことがあろうか（、いや、きっと――する）

句形 何□之有（なんノ　カ　これ　あラン）

読み 何の□か之れ有らん

意味 どうして□があろうか（、いや、□はない）

＊□には体言が入ります。

例文で覚える！

臣敢ヘテ不レ聴レ令ヲ乎。（『戦国策』）

読み 臣敢へて令を聴かざらんや。

意味 私がどうして命令を聞かないことがありましょうか（、いや、きっと命令をお聞きします）。

構造チェック 臣（主語）敢不（否定）聴（述語）令（目的語）乎。

何ノ難キコトカ之レ有ラン。（『墨子』）

読み 何の難きことか之れ有らん。

意味 どうして難しいことがあろうか（、いや、難しいことはない）。

構造チェック 何難（目的語）之有（述語）。

述語と目的語の倒置に注意！

「敢不――（乎）」は、**「敢（あ）へて――ざらん（や）」**と読んで**反語**を表し、**「きっと――する」**と強い意志を表します。**「敢不――（乎）」**は**反語形**ですが、**「不敢――」**は**否定形**です。語順に注意しましょう。（↓86ページ **否定形⑧**）

「何□之有」で**「何（なん）の□か之（こ）れ有（あ）らん」**と読んで反語を表し、「□」が存在することを**否定**します。「之（これ）」は、目的語の**倒置**を示す働きで、代名詞ではないので訳す必要はありません。

何（なんゾ）有（あラン）レ難（かたキコト）。　意味 どうして難しいことがあろうか。

目的語「難」を強調するために倒置（＊「之」は倒置の目印）

何（なんノ）難（かたキコトカ）之（こレ）有（あラン）。　意味 どうして難しいことがあろうか。

5 疑問形・反語形⑥ 詠嘆形

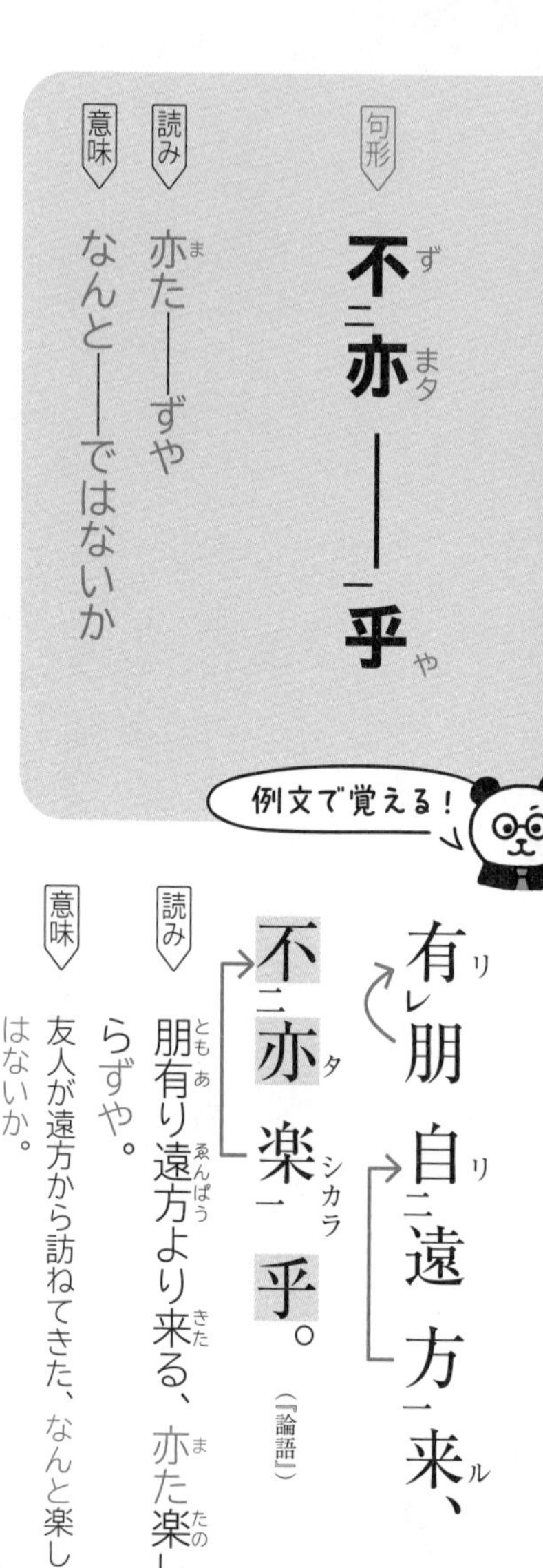

句形
不二亦（ず・まタ）——一乎（や）

読み
亦た——ずや

意味
なんと——ではないか

有レ朋自二遠方一来、不二亦楽一乎。（『論語』）

読み
朋有り遠方より来る、亦た楽しからずや。

意味
友人が遠方から訪ねてきた、なんと楽しいではないか。

構造チェック

不 亦 楽（述語） 乎。

述語には形容詞・形容動詞が入ります！

高得点めざして
レベルアップ！

これだけ！

「不亦――乎」は、「亦(ま)た――ずや」と読んで「なんと――ではないか」と感動・感嘆する気持ちを表します。

詠嘆形は、もともと疑問や反語を、文脈・文意をふまえて感動・感嘆を表す文として捉えるものなので、形の上では疑問や反語と区別が付けにくいのですが、述語（「――」の部分に入る語）が**形容詞・形容動詞**（ものごとの様態を表す語）であるところがポイントです。

▼詠嘆形には、次のような形もあります。意味は「不亦――乎」とほぼ同じです。述語（「――」の部分）に形容詞・形容動詞がくることに着目しましょう。

○豈(あニ)不(ず)――(ニ)乎(や)
読み 豈(あ)に――ずや
意味 なんと――ではないか

＊「豈」の用法には、反語形「豈(あニ)――(セン)乎(や)」（どうして――しようか、いや、――しない）、推測形「豈(あニ)――(スル)乎(か)」（もしかすると――ではなかろうか）の形もあります。

○何(なんゾ)其(そレ)――也(や)
読み 何(なん)ぞ其(そ)れ――や
意味 なんと――なことか

○――哉(かな)、A也(や)
読み ――かな、Aや
意味 ――だなあ、Aは

練習問題 9

次の文章を読んで後の問いに答えよ。（中京大・改）

子貢曰、「貧而無諂、富而無驕、何如。」子曰、「可也。未若貧而楽道、富而好礼者也。」（『論語』）

（注）○子貢――孔子の弟子。　○子――孔子。

問 傍線部の解釈として適当なものを、①～⑤から選べ。

① 貧乏であっても媚びへつらわず、金持ちであっても傲慢にならないことなど、できるはずがありません。
② 貧乏であっても媚びへつらわず、金持ちであっても傲慢にならないようにするには、どうすればよいでしょうか。
③ 貧乏であっても媚びへつらわず、金持ちであっても傲慢にならないような人は、どれほどいるでしょうか。
④ 貧乏であっても媚びへつらわず、金持ちであっても傲慢にならないような人など、ほとんどいません。
⑤ 貧乏であっても媚びへつらわず、金持ちであっても傲慢にならないというのは、どうでしょうか。

「何如」に着目！　疑問詞「何如」は「いかん」と読み、「どうだろうか」という意味を表します。（↓96ページ）

選択肢で「何如」を正しく解釈しているのは⑤のみです。また、傍線部のあとの孔子の発言にも注目しましょう。子貢が述べた考えを評価しつつも、比較形「未レ若ニ――一」を用いて、より良い考えを提示しています。（↓106ページ）この文脈に違和感なく当てはまるのも⑤です。

答　⑤

＊重要句形

□□――何如（ハいかん）　――はどうだろうか【疑問形】

□□未レ若ニ――一（いまダ しカず）　――には及ばない【再読文字＋比較形】

★重要語句

□而　置き字

□可（かナリ）　よい・よろしい

□――者（もの）　――こと・もの・人・場合

書き下し文・現代語訳

＊重要句形 ★重要語句 上段参照

子貢曰はく、「貧しくして諂ふこと無く、富みて驕ること無きは、＊何如」と。

子貢が言った、「貧乏であっても媚びへつらわず、金持ちであっても傲慢にならないというのは、どうでしょうか」と。

子曰はく、「★可なり。

孔子が言った、「よろしい。

＊未だ貧しくして道を楽しみ、富みて礼を好む★者に＊若かざるなり」と。

（だが、）貧乏であっても道義を楽しみ、金持ちであっても礼儀を好むことには及ばない」と。

6 比較形・最上形①

「如」を用いる比較形

句形　**Aハ不ずレ如しカレBニ**

読み　AはBに如かず

意味　AはBに及ばない
AよりもBのほうがよい

＊「如」のほかに、「若」を用いる形もあります。

Aハ不ずレ若しカレBニ

A 百聞ハ 不如 不レ如カ二 B 一見ニ一。（『漢書』）

読み　百聞(ひゃくぶん)は一見(いっけん)に如(し)かず。

意味　百回聞くことは、一回見ることに及ばない。何度も聞くよりも一度見るほうがよい（＝よくわかる）。

構造チェック

百聞（主語） 不（否定） 如（述語） 一見（目的語）。

「不如――」の形に注目！

高得点めざして
レベルアップ！

これだけ！

- 「**如**」は、「及ぶ・匹敵する」の意味の動詞「**しく**」（カ行四段活用）として読みます。（「**しか（ず）**」のように活用します。）
- 「**如**」**の直前に否定語**「**不**」が置かれ、「――しない」と「如(し)く」（――に及ぶ・――に匹敵する）を否定します。
- A・Bとも名詞以外の言葉が置かれることもあります。

㊄ 生(キテ)而辱(メラルルハ)［A］　不レ如(カ)ニ死(シテ)而栄(ユルニ)［B］（『史記』）

読み　生(い)きて辱(はづかし)めらるるは死(し)して栄(さか)ゆるに如(し)かず。

意味　生きていて恥辱を受けるより死んで名声があらわれるほうがよい。

▼「如」が直前に「不」を伴うときには、まず比較形を考えましょう。「A不レ如レB」は、「AはBのごとくならず」と読んで「AはBのようではない」という意味の比況の否定表現の場合もありますが、頻繁には用いられません。「若」についても同様です。

▼「如」は、さまざまな用法を持つ多義語で、ほかに次のような用法があります。

・もし（仮定形）
・ごとし（助動詞）
・ゆく（～に行く）

6 比較形・最上形②

置き字「於」を用いる比較形

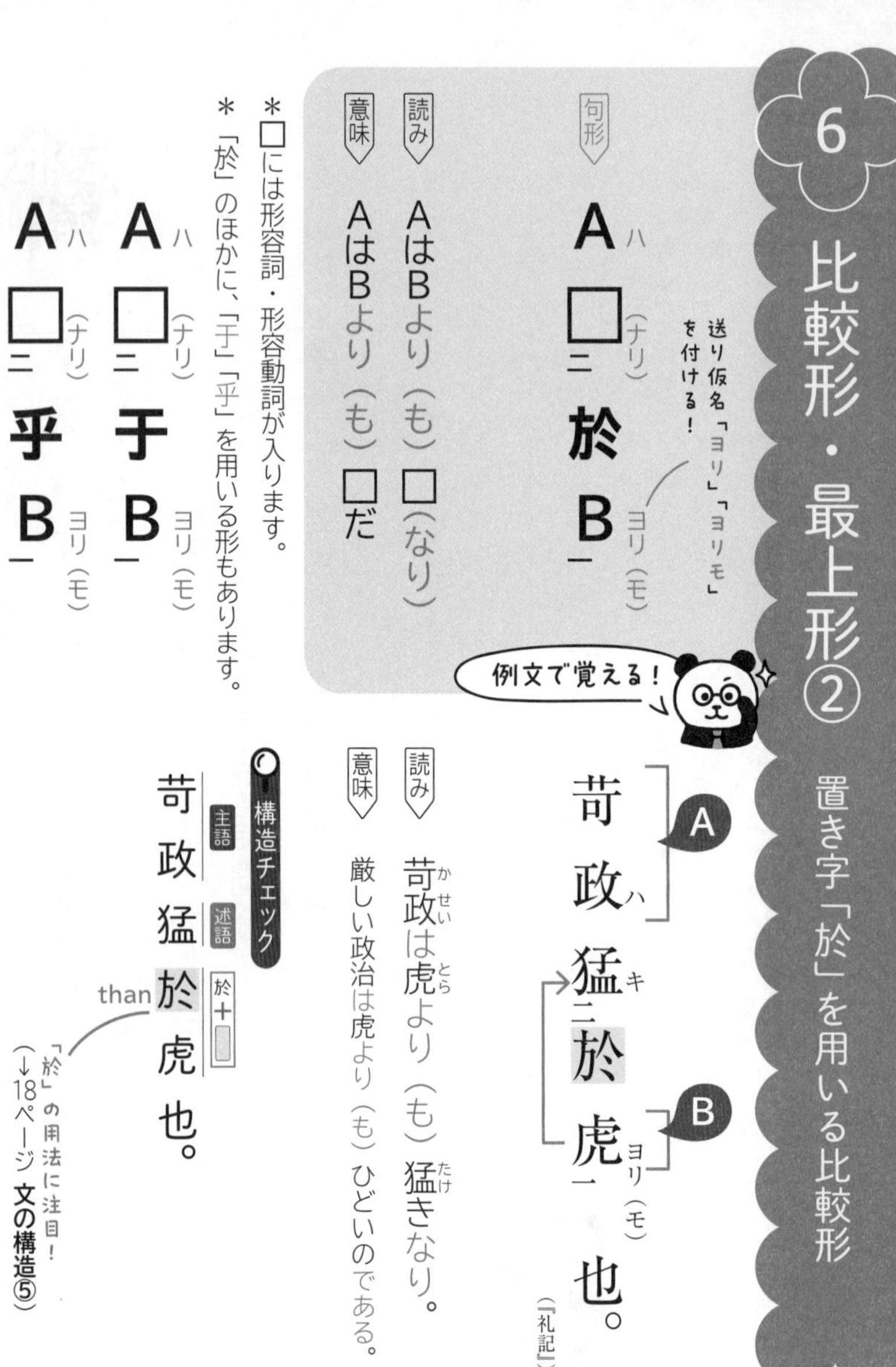

句形　Aハ □ニ(ナリ) 於 Bヨリ(モ)

読み　AはBより（も）□（なり）

意味　AはBより（も）□だ

＊□には形容詞・形容動詞が入ります。

＊「於」のほかに、「于」「乎」を用いる形もあります。

Aハ □ニ(ナリ) 于 Bヨリ(モ)

Aハ □ニ(ナリ) 乎 Bヨリ(モ)

苛政ハ猛キ二於虎ヨリ(モ)一也。（『礼記』）

読み　苛政（かせい）は虎（とら）より（も）猛（たけ）きなり。

意味　厳しい政治は虎より（も）ひどいのである。

構造チェック

主語　苛政　述語　猛　於＋□　於虎也。

（↓18ページ 文の構造⑤）

高得点めざして
レベルアップ！

- AとBとを比べて、**Aのほうが□（述語部分）についてBよりもまさっている**ことを表します。
- **「於」「于」「乎」**は、英語の前置詞「**than**（～より）」の働きをしますが、**置き字として扱うので読みません。**（↓34ページ 置き字③）
- **□（述語部分）**には**形容詞・形容動詞**が置かれるので、「**於**」「**于**」「**乎**」の**直前**に**形容詞・形容動詞**があるときは、まず**比較形**であると考えましょう。

▼選択形

「**選択形**」は「比較形」の類似の句形で「**用意されたAとBのうちから一方を選ぶなら、AよりはBのほうがましだ**」という意味を表します。

例 与三其得二小人一、不レ若レ得二愚人一。（『資治通鑑』）

読み 其の小人を得んよりは、愚人を得るに若かず。

意味 心の不正な人を登用するよりは、愚か者を登用するほうがましだ。

▼「**選択形**」にはほかにもさまざまな形があります。

- 与二其A一、寧B（Aよりは、むしろBのほうがよい）
- 寧B、無レA（たとえBしても、Aするな）
- A孰二若B一（AとBとではどちらがよいか（⇩やはりBのほうがよい））

6 比較形・最上形③

最上形

句形　――ハ莫(なシ)レ若(しクハ)レAニ

読み　――はAに若(し)くは莫(な)し

意味　――(について)はAに及ぶものはない
――(について)はAが一番だ

＊「莫」に「無」を、「若」に「如」を用いる形もあります。

――ハ無(なシ)レ如(しクハ)レAニ

例文で覚える！

人ハ莫レシ若レクハ故キニ。（A＝故）

（『晏子春秋』）

読み　人(ひと)は故(ふる)きに若(し)くは莫(な)し。

意味　人は昔なじみに及ぶものはない。
人は昔なじみが一番よい。

構造チェック

人（主語）　莫（否定）　若（述語）　故（目的語）。

「莫若――」の形に注目！

これだけ！

「及ぶ・匹敵する」という意味の動詞「若（しク）」「如（しク）」の直前に存在を否定する「莫（なシ）」「無（なシ）」が置かれているときは、「及ぶものはない」という意味の**最上形**です。

「Aに及ぶものはない」の意味から、「Aが一番だ」という**最上形**を表します。

▼**最上形**には、**比較**を表す「於」「于」「乎」を用いた「――（ハ）莫（なシ）レ□（ナル）ハニ於A（ヨリ）一」の形もあります。「――（について）はAが一番□だ」「――（については）Aより□なものはない」の意味になります。

㊀ 悲（シミハ）莫（シ）レ甚（ダシキハ）ニ於窮困（ヨリ）一。（『史記』）

読み 悲（かな）しみは窮困（きゅうこん）より甚（はなは）だしきは莫（な）し。

意味 悲しみは貧苦よりひどいものはない。

（悲しみは貧苦が一番ひどい。）

練習問題 10

次の文章は、不死を習得する方法を知っている者（文中の「言者（フ）」）のうわさを耳にした燕の君主についての話である。これを読んで後の問いに答えよ。（熊本県立大・改）

燕君使ム二人ヲシテ受ケレ之ヲ。不レ捷（すみやか）ナラ而言フ者死ス。燕君甚ダ怒リ二其ノ使者ヲ一、
将ニレ加ヘントレ誅（ちゅう）ヲ焉。幸臣諫（いさ）メテ曰ハク、「人所憂者莫急乎死、己所レ重者
莫レ過二乎生一。彼自ラ喪（うしな）フ二其ノ生ヲ一。安クンゾ能ク令メン二君ヲシテ不ラレ死セ也ト。」
（『列子』）

（注）○幸臣――お気に入りの臣下。寵臣。

問　傍線部の返り点の付け方と書き下し文との組合わせとして適当なものを、①～⑤から選べ。

① 人所レ憂者莫急二乎死一　人の憂ふる所の者は莫くんば死より急にして
② 人所レ憂者莫レ急乎レ死　人の憂ふる所の者は急なる莫きも死に乎（お）いてし
③ 人所レ憂者莫急レ乎レ死　人の憂ふる所の者は莫くして死に乎いて急なるも
④ 人所レ憂者莫レ急二乎死一　人の憂ふる所の者は死より急なるは莫く
⑤ 人所レ憂者莫二急乎レ死　人の憂ふる所の者は急なること死に乎ける莫ければ

解説

最上形「莫レ□ニ乎――ニ」に着目！「――より□は莫し」と読みます。（↓111ページ）

「人所レ憂者」（人が恐れるものでは）は話題主語で、どの選択肢も読み方は同じです。「莫急乎死」では、前置詞の働きをする置き字「乎」を用いた最上形に注目します。「急」は「急（きふなり）」と読み、「切実だ」「重要だ」の意の形容動詞なので、「死より急なるは莫し」と読みます。最上形を正しく読んでいるのは④のみです。

答 ④

＊重要句形

□使ニA――一　Aに――させる【使役形】
□将ニ――一　今にも――しようとする【再読文字】
□莫レ□ニ乎――一　――より□なものはない【最上形】
□安――也ャ　どうして――しようか（、いや、――しない）【反語形】

★重要語句

□甚　たいそう・とても
□所ニ――一　――こと・もの・人・場合
□自　自分で・自分から・自分で自分を
□能――　――できる

書き下し文・現代語訳

＊重要句形
★重要語句　上段参照

燕君＊人をして之を受けしむ。捷ならずして言ふ者死す。

燕の君主が使者に（＝使者を遣わして）不死の方法を習得させようとした。（使者が）すぐに出発しないうちに不死の道を知っていると言う人が死んでしまった。

燕君★甚だ其の使者を怒り、＊将に誅を加へんとす。幸臣諫めて曰はく、

燕の君主は使者にたいそう立腹し、処刑しようとした。寵臣が諫めて言った、

「人の憂ふる★所の者は死＊より急なるは莫く、己の重んずる★所の者は生に過ぐるは莫し。

「人が恐れるものでは死より切実なものはありませんし、自分が大切にするものでは命にまさるものはありません。

彼★自ら其の生を喪ふ。＊安くんぞ★能く君をして死せざらしめんや」と。

（それなのに）不死の方法を知っている者自身が自分の命を失いました。どうしてわが君を死なないようにさせることなどできましょうか」と。

7 限定形・累加形① 限定形

句形　唯（タダ）――耳（のみ）

読み　唯（た）だ――のみ

意味　ただ――だけだ

＊「唯」と同じ使い方をする文字には、「惟（タダ）」「徒（タダ）」「但（タダ）」「特（タダ）」「直（タダ）」「只（タダ）」「祇（タダ）」などがあります。

＊「唯」のほかに、「独（ひとり）」を用いる形もあります。

＊「耳」と同じ使い方をする文字には、「爾（のみ）」「而已（のみ）」「而已矣（のみ）」などがあります。

例文で覚える！

直（タダ）好（ム）二世俗之楽（ヲ）一耳。（『孟子』）

読み　直（た）だ世俗（せぞく）の楽（がく）を好（この）むのみ。

意味　ただ世俗的な音楽を好んでいるだけだ。

構造チェック

直　好〔述語〕　世俗之楽〔目的語〕　耳。

「直」は「唯」と同じです。

これだけ!

「唯ダ――ノミ」のように、助詞「のみ」を送り仮名に補う形もあります。

「――耳(のみ)」のように、副詞「唯(ただ)」「独(ひとり)」を用いない形もあります。

▼「唯」や「独」は述語以外を限定することもあります。「唯ダA――ノミ」や「独(ひとり)A――ノミ」のように、**限定する部分(A)**に「のみ」が付く形にも注意しましょう。

例 今独リ臣ノミ有リレ船。(『史記』)

読み 今(いま)独(ひと)り臣(しん)のみ船(ふね)有(あ)り。

意味 今私だけが船を持っている。

▼限定形「唯ダ――耳(のみ)」は、限定のほかに単なる**強意**の用法もあります。強意の場合は、とくに訳出しません。

句形　不ず唯ダニ A ノミナラ、而しかうシテ 亦まタ B

読み　唯ただにAのみならず、而しかうして亦またB

意味　ただ単にAだけでなく、そのうえBでもある

例文で覚える！

非ズ徒ダニ無キノミニ益、而シテ亦タ害スレ之ヲ。（『孟子』）

A：無益　B：害之

読み　徒ただに益えき無なきのみに非あらず、而しかうして亦また之これを害がいす。

意味　ただ単に利益がないだけでなく、そのうえ有害でもある。

＊「不」の部分は、「非あらズ」を用いることもあります。

＊「唯」の部分は、「惟たダニ」「徒たダニ」「但たダニ」「特たダニ」「直たダニ」「啻たダニ」や「独ひとリ」を用いることもあります。

＊「而亦シテタ」の部分は、「而しかうシテ又また」となることや、省略されることもあります。

非あらズ徒ただニ A ノミニ、（而しかうシテ 又また） B

構造チェック

not	非	
only	徒	
	無	述語
	益、	意味上の主語
but	而	
also	亦	
	害	述語
	之。	目的語

これだけ!

累加形は、「Aだけでなく、そのうえBでもある」という意味で、英語の「not only **A**, but also **B**」と同じような形です。

累加形の場合、副詞「唯」は「たダニ」と読むことにも注意しましょう。

▼累加形の「不唯A」の部分に反語を用いることもありますが、結論は同じです。

例 豈ニ惟ダニ怠ㇾルノミナランヤ之ヲ。(柳宗元「送薛存義之任序」)

読み 豈に惟だに之を怠るのみならんや。

意味 どうしてただ単にこれを怠るだけであろうか(、いや、怠けるだけではない)。

▼累加形が反語を用いる場合の疑問詞は、「豈」のほかに「何」なども用います。

練習問題 11

次の文章を読んで後の問いに答えよ。（センター試験国語Ⅰ・Ⅱ・改）

仲相レ斉、叔薦レ之也。仲既相、内修二政事一、外連二諸侯一。桓公毎二質二之鮑叔一。鮑叔曰、「公必行二夷吾之言一。」叔不二惟薦一レ仲、又能左二右之一如レ此。（『千百年眼』）

（注）○仲――管仲。「仲」は字で、名は「夷吾」。春秋時代の斉の宰相。○叔――鮑叔。斉の重臣。○桓公――斉の君主。

問 傍線部の解釈として適当なものを、①～④から選べ。

① 鮑叔は管仲を宰相に推薦しただけでは心配で、このように自らもまた桓公を通じて政治に関与していたのである。

② 鮑叔は管仲を宰相に推薦しただけでは心配で、このように管仲が道を踏みはずさぬように導いてもいたのである。

③ 鮑叔が管仲を宰相に推薦しただけではなく、このように管仲もまた鮑叔と権力をわけあうことができたのである。

④ 鮑叔は管仲を宰相に推薦しただけではなく、このように見えないところでうまく管仲を補佐してもいたのである。

解説

累加形「不ニ惟━━ー、又～」に着目！「━━だけではなく、～でもある」の意味です。(↓116ページ)

選択肢で累加形を正しく踏まえているのは③と④です。傍線部全体では「鮑叔は━━だけではなく、～でもある」という意味になるので、後半の「又能左ニ右之ニ如レ此」の主語も鮑叔です。③は後半の主語が管仲になっており、誤りです。なお、「左右」は、ふつうは名詞で「側で仕える臣下」の意味ですが、ここでは動詞として「助ける・補佐する」の意味です。

答 ④

＊重要句形

□不ニ惟━━ー、又～　━━だけではなく、～でもある【累加形】

★重要語句

□相　宰相・大臣
□毎　いつも
□如レ此　このようである
□管鮑の交はり　(管仲と鮑叔の友情から)強い信頼で結ばれた友情関係。
□━━レバ也　━━だからである
□能━━　━━できる

書き下し文・現代語訳

＊重要句形
★重要語句　上段参照

仲斉に相たるは、叔之を薦むればなり。

管仲が斉国の宰相となったのは、鮑叔が推薦したからである。

仲既に相たりて、内に政事を修め、外に諸侯を連ぬ。

管仲は宰相になると、国内では政治を正しく行い、外交では諸侯をうまくまとめた。

桓公毎に之を鮑叔に質す。鮑叔曰はく、「公必ず夷吾の言を行へ」と。

桓公はいつも鮑叔に管仲の政策について尋ねていた。鮑叔は、「あなた様は必ず管仲の言うとおりに政治を行ってください」と言った。

叔惟だに仲を薦むるのみならず、又能く之を左右すること此くのごとし。

鮑叔はただ管仲を推薦しただけではなく、このようにうまく管仲を補佐してもいたのである。

2 基本句形

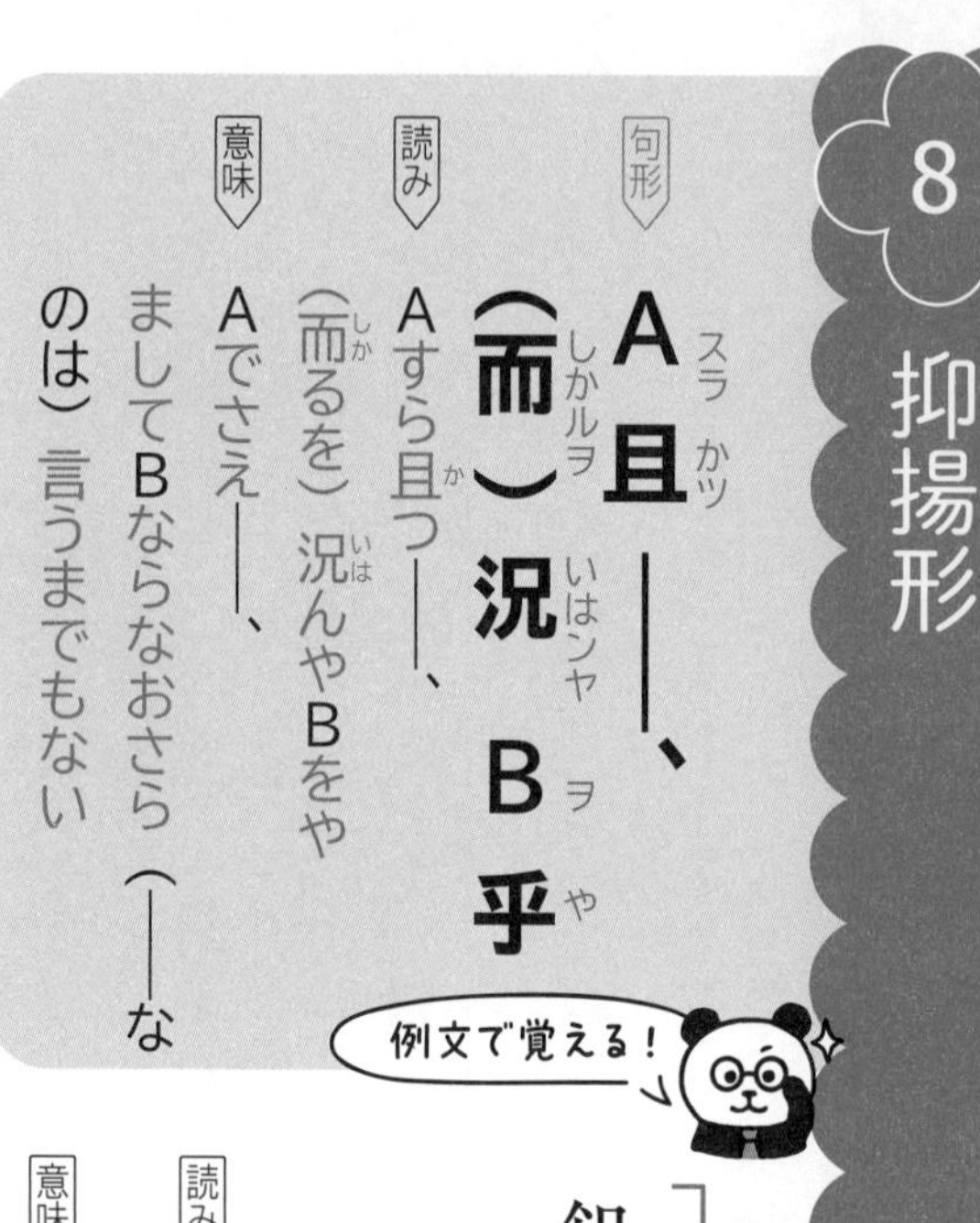

8 抑揚形

句形　**A且（スラ・かツ）——、（而）（しかルヲ）況（いはンヤ）B（ヲ）乎（や）**

読み　Aすら且（か）つ——、（而（しか）るを）況（いは）んやBをや

意味　Aでさえ——、ましてBならなおさら（——なのは）言うまでもない

＊「且」の部分は、「猶（なほ）」「尚（なほ）」になることもあります。

A猶（スラ・なホ）——、（而）（しかルヲ）況（いはンヤ）B（ヲ）乎（や）

例文で覚える！

飢渇（スラ）尚（ホ）可（シ）忍（ブ）、況（ンヤ）其（ノ）他（ヲ）乎。（『剡渓漫筆』）

A：飢渇　B：其他

読み　飢（き）渇（かつ）すら尚（な）ほ忍（しの）ぶべし、況（いは）んや其（そ）の他（た）をや。

意味　飢えや渇きでさえ耐えることができる、ましてそのほかのことならなおさら（耐えることができるのは）言うまでもない。

構造チェック

飢渇（話題主語（目的語））尚可忍（述語）、況其他（話題主語（目的語））乎。

これだけ!

- **抑揚形**は、**強調表現**の一つです。強調する内容は、「況(いはンヤ) B(ヲ) 乎(や)」(まして**Bならなおさら言うまでもない**)です。「A 且(スラかツ) ——」(Aでさえ——)と対比して**「B」を強調しているのです。**

- **抑揚形**の後半「況(いはンヤ) B(ヲ) 乎(や)」では、基本的に前半と同じ述語の「——」の部分は省略されます。「なおさら——だ」と**省略を補って訳す**ことを心がけましょう。

▼「況(いはンヤ)」のあとに「於」が付いて、「況(いはンヤ) 於(おイテヲ) B 乎(や)」となることもあります。

▼抑揚形は、前半「A 且(スラかツ) ——」や、後半「況(いはンヤ) B(ヲ) 乎(や)」の部分が省略されることもあります。

練習問題 12

次の文章を読んで後の問いに答えよ。　（弘前大）

周文王使人扣池、得死人之骸。吏以聞於文王。文王曰、「更葬之。」吏曰、「此無主矣。」文王曰、「有天下者、天下之主也。有一国者、一国之主也。今我非其主也。」遂令吏以衣棺更葬之。天下聞之曰、「文王賢矣。沢及髊骨。<u>又況於人乎</u>。」

（『呂氏春秋』）

（注）○沢――恩恵。　○髊骨――死骸。

問　傍線部の解釈として適当なものを、①～④から選べ。

① 人民が文王よりさらに賢明なのは言うまでもない。
② 人民よりも死骸に恩恵をもたらすとはなんたることか。
③ 人民には文王の恩恵がなおさらもたらされるだろう。
④ 人民が文王の賢明さにかなうはずがないであろう。

解説

抑揚形に着目！「況 於ニ――一乎」は、「まして――についてはなおさらだ」という意味です。（↓120ページ）

傍線部「又 況 於レ人 乎」は「又況んや人に於いてをや」と読み、直訳すると「まして人についてはなおさらだ」となります。傍線部の前の文脈は「文王は賢明だ。その恩恵は死骸にももたらされる」なので、傍線部の内容は「まして（生きている）人民に対しては文王の恩恵がなおさらもたらされる」となります。

答 ③

＊重要句形
□使ニA――一　Aに――させる【使役形】※使＝令
□況 於ニ――一乎　まして――についてはなおさらだ【抑揚形】

★重要語句
□聞　報告する・申し上げる
□遂　こうして

書き下し文・現代語訳

＊重要句形／★重要語句　上段参照

周の文王＊人をして池を掘らしむるに、死人の骸を得たり。吏以て文王に★聞す。

周の文王が人に池を掘らせたところ、人の死骸が見つかった。官吏は（それを）文王に報告した。

文王曰はく、「更めて之を葬れ」と。吏曰はく、「此れ主無し」と。文王曰はく、

文王は言った、「あらためてこの人を葬りなさい」と。官吏は言った、「（この者は）主人がいません」と。文王は言った、

「天下を有つ者は、天下の主なり。一国を有つ者は、一国の主なり。今我其の主に非ずや」と。

「天下を有する者は、天下の主人である。一国を有する者は、一国の主人である。いま私はこの国の主人ではないのかね」と。

★遂に＊吏をして衣棺を以て更めて之を葬らしむ。天下之を聞きて曰はく、

こうして官吏に衣服とひつぎを調えてこの人を葬るようにさせた。世の人々はこの話を聞いて言った、

「文王は賢なり。沢髊骨に及ぶ。＊又況んや人に於いてをや」と。

「文王は賢明だ。その恩恵は死骸にさえもたらされる。まして（生きている）人民に対してはなおさら（恩恵がもたらされる）だろう」と。

9 仮定形・願望形①

仮定形

句形　如シ――バ

読み　如し――ば

意味　もし――ならば

＊「如」のほかに、「若」を用いる形もあります。

若シ――バ

学若シ無クンバ成ル、不二復タ還一ラ。（釈月性「将東遊題壁」）

読み　学若し成る無くんば、復た還らず。

意味　学問がもし成就しないならば、もう二度と帰らない。

構造チェック

学（主語）若 無（否定）成（述語）、不（否定）復（副詞）還（述語）。

「若し――ば」の形に注目！

これだけ!

「如（もシ）」「若（もシ）」は、接続助詞「ば」を伴って、「もし——ならば」という**仮定**を表します。

「如」「若」は用法の多い多義語です。

「如」の用法
- もし（仮定形）
- ごとし（助動詞）
- しく（比較形）
- ゆく（～に行く）

「若」の用法
- もし（仮定形）
- ごとし（助動詞）
- しく（比較形）
- なんぢ（おまえ＝汝）

高得点めざして レベルアップ！

▼「苟（いやしクモ）」も「如」と同様に「もし——ならば」の**仮定形**を表します。

例 苟（クモ）有（ラバ）レ過（チ）、人必（ズ）知（ラン）レ之（ヲ）。（『論語』）

読み 苟（いや）しくも過（あやま）ち有（あ）らば、人必（ひとかなら）ず之（これ）を知（し）らん。

意味 もし過失があるならば、人がきっとその過失を知るだろう。

▼「雖（いへども）」を用いる**仮定形**もあります。

例 衆之所（クル）レ助（タス）、雖（モ）レ弱（シト）必（ズ）強（タラン）。衆之所（ル）レ去、雖（モ）レ大（ナリト）必（ズ）亡（ビン）。（『淮南子』）

読み 衆（しゅう）の助（たす）くる所（ところ）、弱（よわ）しと雖（いへど）も必（かなら）ず強（きゃう）たらん。衆（しゅう）の去（さ）る所（ところ）、大（だい）なりと雖（いへど）も必（かなら）ず亡（ほろ）びん。

意味 人々の助けるものは、たとえ弱くてもきっと強大になるだろう。人々が離れていくものは、たとえ強大でもきっと滅びるだろう。

9 仮定形・願望形②

願望形

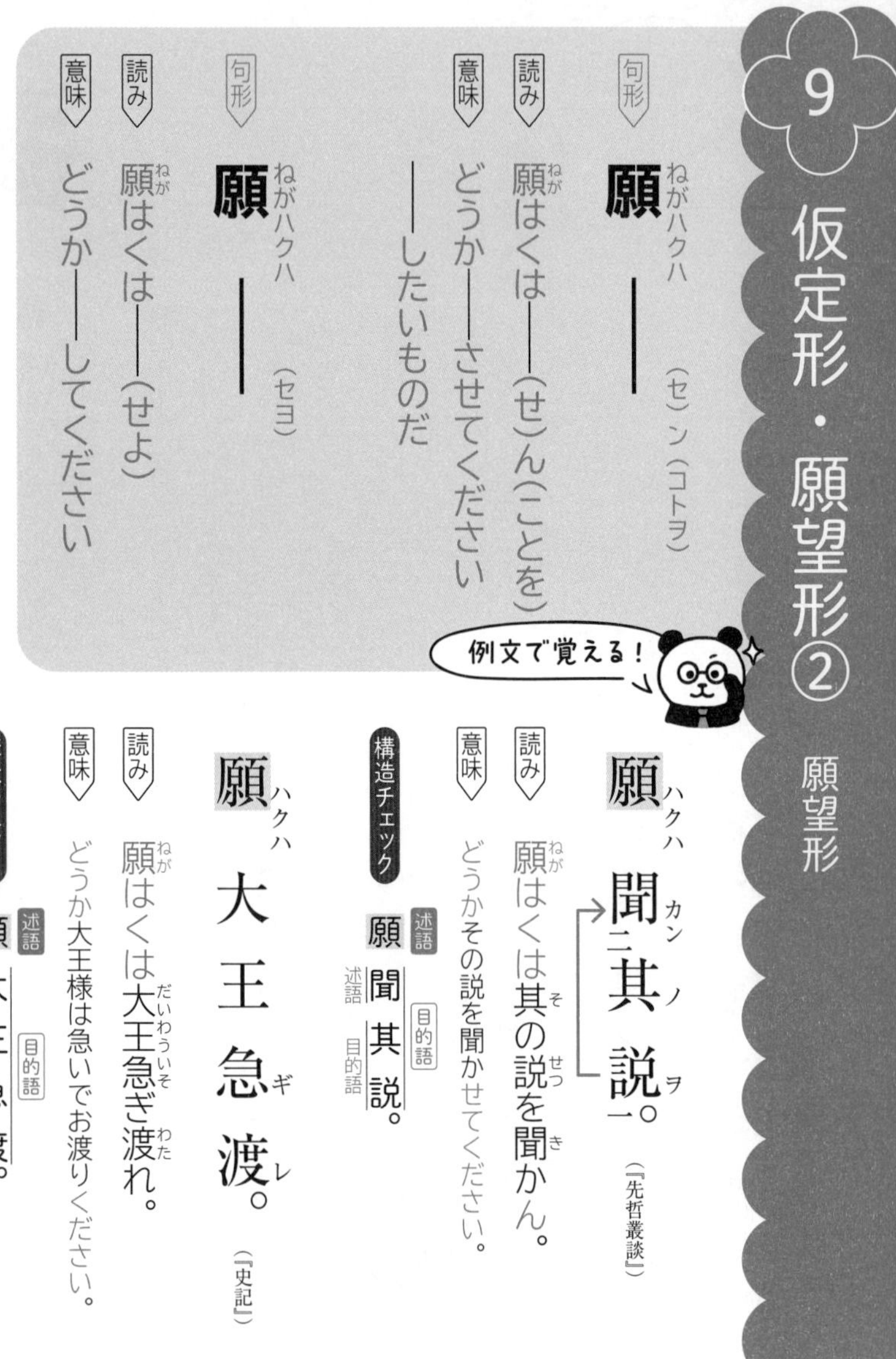

句形　願（ねが）ハクハ ――（セ）ン（コトヲ）

読み　願（ねが）はくは――（せ）ん（ことを）

意味　どうか――させてください
――したいものだ

句形　願（ねが）ハクハ ――（セヨ）

読み　願（ねが）はくは――（せよ）

意味　どうか――してください

願ハクハ聞カン二其ノ説ヲ一。（『先哲叢談』）

読み　願（ねが）はくは其（そ）の説（せつ）を聞（き）かん。

意味　どうかその説を聞かせてください。

構造チェック　願（述語）　聞（述語）其説（目的語）。

願ハクハ大王急ギ渡レ。（『史記』）

読み　願（ねが）はくは大王（だいわう）急（いそ）ぎ渡（わた）れ。

意味　どうか大王様は急いでお渡りください。

構造チェック　願（述語）　大王（主語）急渡（述語）（目的語）。

これだけ!

「**願**(ねがハクハ)」を用いた**願望形**は、句末の読み方によって訳し分けます。

「――(**セ**)ン(コトヲ)」と意志の助動詞「――ン」が付く場合
↓**自分が動作主**で「――**させてください**」と訳します。

「――(**セヨ**)」と命令形で結ぶ場合
↓**相手が動作主**で「――**してください**」と訳します。

▼「願(ハクハ)」のほかに「請(こフ)」や「庶幾(こひねがハクハ)」を用いることもあります。

㊢ 請(フ)以(テ)レ剣(ヲ)舞(ハン)。(『史記』)

読み 請(こ)ふ剣(けん)を以(もっ)て舞(ま)はん。

意味 どうか(私に)剣を使って舞わせてください。

㊢ 庶幾(ハクハ)赦(セ)レ余(ヲ)。(『春秋左氏伝』)

読み 庶幾(こひねが)はくは余(よ)を赦(ゆる)せ。

意味 どうか私を許してください。

▼「欲(ほつス)」を用いる願望形もあります。

㊢ 景公挙(ゲテ)レ兵(ヲ)欲(ス)レ伐(タント)レ魯(ヲ)。(『晏子春秋』)

読み 景公(けいこう)兵(へい)を挙(あ)げて魯(ろ)を伐(う)たんと欲(ほっ)す。

意味 景公は兵を挙げて魯の国を討とうとした。

練習問題 13

次の文章を読んで後の問いに答えよ。　（鹿児島大）

有上書請去佞臣者。曰、「<u>願陽怒以試之</u>。執理不屈者、直臣也。畏威順旨者、佞臣也。」上曰、「吾自為詐、何以責臣下之直乎。朕方以至誠治天下。」

（『十八史略』）

（注）○佞臣――主君にこびへつらうよこしまな臣下。　○旨――意向。　○上――天子。

問　傍線部の解釈として適当なものを、①～⑤から選べ。

① どうしても陛下は怒ったふりをして彼らをお試しになるのですか。
② どうか陛下は怒ったふりをして彼らをお試しにならないでください。
③ どうか私に怒ったふりをして彼らを試すことをさせてください。
④ どうしても私に怒ったふりをして彼らを試すことをさせないでください。
⑤ どうか陛下は怒ったふりをして彼らをお試しになってください。

解説

願望形「願――」に着目! 「願はくは」を用いる願望形では、句末が「――せよ」(命令形)の場合は「どうか――してください」、「――せん(ことを)」の場合は「どうか――させてください」の意味です。(↓126ページ)

傍線部の述語は「陽怒」(怒ったふりをする)と「試」(試す)です。臣下が天子に対して「佞臣」の排除を願い出る語なので、「陽怒」と「試」の主語は天子です。天子に「どうか陛下は――お試しください」という願望形を正しく踏まえた選択肢は⑤です。

答 ⑤

＊重要句形

□□願(ハクハ)――(セヨ)　どうか――してください【願望形】

□□何(なにヲ)以(もつテ)――ン乎(や)　どうして――しようか(、いや、――しない)【反語形】

★重要語句

□□理(り)　道理

□□自(みづから)　自分で・自分から

□□朕(ちん)　私(皇帝の用いる一人称)

□□方(まさニ)　まさに・ちょうど

書き下し文・現代語訳

＊重要句形
★重要語句 } 上段参照

上書(じやうしよ)して佞臣(ねいしん)を去(さ)らんと請(こ)ふ者(もの)有(あ)り。

皇帝に文書をたてまつり主君にこびへつらうよこしまな臣下を排除することを願い出る者がいた。

曰(い)はく、「＊願(ねが)はくは陽(いつは)り怒(いか)りて以(もつ)て之(これ)を試(こころ)みよ。

(その者は)言った、「どうか怒ったふりをして彼らをお試しください。

★理(り)を執(と)りて屈(くつ)せざる者(もの)は直臣(ちよくしん)なり。威(ゐ)を畏(おそ)れて旨(むね)に順(したが)ふ者(もの)は佞臣(ねいしん)なり」と。

道理を主張して屈しないのは君主をはばからず諫(いさ)める臣下です。権威を恐れてご命令に従うのはよこしまな臣下です」と。

上(しやう)曰(い)はく、「吾(われ)★自(みづか)ら詐(いつは)りを為(な)さば、＊何(なに)を以(もつ)て臣下(しんか)の直(ちよく)を責(もと)めんや。

皇帝は言った、「私自身が人を欺くことをしたならば、どうして臣下の正しさを要求できようか。

★朕(ちん)★方(まさ)に至誠(しせい)を以(もつ)て天下(てんか)を治(をさ)めん」と。

私はまさに至誠によって天下を治めよう」と。

三字熟語・四字熟語

三字熟語や四字熟語は難しく思われがちですが、漢文訓読の視点で書き下し文や意味を考えてみるとぐっと把握しやすくなります。

未曽有（みぞう） これまでにあったことがない ——再読文字「未」に注目

「未曽有」は現代語でもよく見かける三字熟語で、「未曽有の事件」のように用いられます。

「未曽有」の構造を確認してみましょう。

再読文字	副詞	述語
未	曽	有

「未曽有」に訓点を付けると「未ダ曽テ有ラ」となり、「未（いま）だ曽（かつ）て有（あ）らず」と読むことができます。再読文字「未」は「まだ——ない」（↓40ページ **再読文字①**）、副詞「曽」は、「嘗（かつテ）」と同じく「以前に・これまで」という意味です。否定語「未」と「曽」が一緒に用いられると「これまで——したことがない」の意味になるので、「未曽有」は「これまでにあったことがない」という意味になるのです。

不倶戴天（ふぐたいてん） 同じ天の下に生きていられない ——部分否定「不倶—」に注目

「不倶戴天」は深く相手を恨むさまを表す語で、主君や親のかたきについて形容する時などに用います。

「不倶戴天」の構造を確認してみましょう。

否定語	副詞	述語	目的語
不	倶	戴	天

「不倶戴」の部分は「否定語＋副詞＋述語」の構造になっており、部分否定の表現です（↓84ページ **否定形⑦**）。部分否定の場合、副詞「倶」は「倶（ともニ）」と読むので、「不倶戴天」に訓点を付けると「不倶ニハ戴カ天ヲ」となり、「倶（とも）には天（てん）を戴（いただ）かず」と読むことができます。「一緒には天をいただくことができない」、つまり「一緒にはこの世に生きられない」ような相手との関係性を言うとわかれば、覚えやすいですね。

3章

読解で問われる頻出語

3章では、読解のカギを握る入試頻出語を精選して解説しました。ここでも、「語順」や「文の構造」に着目して、よく問われる頻出語の用法をおさえましょう。

1 「可」「能」「得」「足」の用法

可能を表す語には**「可」「能」「得」「足」**などがありますが、どれも英語の助動詞「can」のように、述語**の前に置かれ**ます。**直前**に**否定語**を伴うと**不可能**の意味を表します。

可　～できる・～してよい

例 紂(ちう)**可**(ベシ)レ伐(ツ)矣。

読み 紂(ちう)伐つ**べし**。（『史記』）

意味 紂王は討伐することが**できる**。**【可能】**

例 **不**(ザル)レ**可**(ベカラ)レ許(ゆるス)也(なり)。

読み 許(ゆる)す**べからざる**なり。（『韓非子』）

意味 許すことは**できない**。**【不可能】**

能　～できる

「能(よク)」は返読しませんが、否定語「不」が付くと「不(ず)レ能(あたハ)二――一」と読んで返読します。**読み方の違いに注意**しましょう。

例 惟(タダ)仁者(ノミ)**能**(よク)好(ミ)レ人(ヲ)、**能**(よク)悪(にくム)レ人(ヲ)。

読み 惟(た)だ仁者(じんしゃ)のみ**能**(よ)**く**人(ひと)を好(この)み、**能**(よ)**く**人(ひと)を悪(にく)む。（『論語』）

意味 仁徳のある人だけが他人を愛することが**でき**、他人を憎むことが**できる**。**【可能】**

例 人主雖(モ)レ賢(ナリト)、不(ず)レ能(あたハ)二独(リ)計(ル)一。

読み 人主賢(じんしゅけん)なりと雖(いへど)も、独(ひと)り計(はか)る**能(あた)はず**。（『韓非子』）

意味 君主が賢明であっても、君主だけで事を行うことは**できない**。**【不可能】**

得　〜できる

例 臣(ハ)不(ず)レ得(え)二越(エテ)レ官(ヲ)而有(ルヲ)レ功。

読み 臣(しん)は官(くわん)を越(こ)えて功(こう)有(あ)るを**得(え)ず**。（『韓非子』）

意味 臣下は職分を越えて功績を立てることは**できない**。**【不可能】**

足　〜できる・〜に十分だ・〜するに値する

例 百発(シテ)失(フハ)レ一(ヲ)、不(ず)レ足(たラ)レ謂(フニ)二善射(ト)一。

読み 百発(ひゃくはつ)して一(いつ)を失(うしな)ふは、善射(ぜんしゃ)と謂(い)ふに**足(た)らず**。（『荀子』）

意味 百回弓を射て一回失敗する者は、弓が上手だと言うことはできない。**【不可能】**

高得点めざして
レベルアップ！

▼可能の語のあとに「以」が付いて、「**可**(ベシ)二**以**(もつテ)述語一」や「**足**(たル)二**以**(もつテ)述語一」などの形になることもあります。この場合は可能表現のパターンと考えて、単に「述語できる」などと訳してかまいません。ただし「**可**(ベシ)二**以**(もつテ)レ名詞(ヲ)述語一」の形になる場合は、「名詞によって述語できる」などのように訳出する必要があります。

▼「**可**」と「**得**」を合わせて「**可**(ベシ)二**得**(えテ)述語一」「**可**(ベシ)レ**得**(う)二述語(ヲ)一」となることもありますが、単に「述語できる」の意味です。

2 多義語「与」「為」の用法

「与」と「為」は、いろいろな用法を持つ語で、入試でもよく出題されます。それぞれの用法を確認しましょう。

与　動詞

「あたフ」（与える）以外にも、「あづかル」（関係する）、「くみス」（味方する）などの用法があります。

㊀ 王タルハ二天下ニ一、不二与カリ存一セ焉。

読み　天下（てんか）に王（わう）たるは、与（あづか）り存（そん）せず。『孟子』

意味　世の中で王となることは、（君子の三つの楽しみに）関係しないのだ。

与　前置詞

「と」と読み、「〜と（一緒に）」という意味になります。英語のwithに近い用法です。

㊀ 臣与（と）二将軍一戮（ハセテ）レ力ヲ而攻（ム）レ秦ヲ。

読み　臣将軍（しんしやうぐん）と力（ちから）を戮（あ）はせて秦（しん）を攻（せ）む。『史記』

意味　私は将軍と力を合わせて秦国を攻撃します。

▼「与」には、並列の「A与（ト）レB」（AとBと）という、英語のandに近い用法もあります。

▼「与」には、「与（より）」と読む比較の用法もあります。その場合は「与（よりハ）二其（ソノ）――一」（――よりは）という形になります。（↓108ページ　比較形・最上形②）

為 動詞

「なル」（～となる）、「なス」（～をする／～とする）、「つくル」（作る）、「をさム」（治める）などの用法があります。

例 夫差為レ擒。
読み 夫差擒と為る。（『韓非子』）
意味 夫差は捕虜となった。

為 助動詞

「たり」（～である）の用法があります。

例 我為二趙将一。
読み 我趙将たり。（『史記』）
意味 私は趙国の将軍である。

為 前置詞

「ために」と読み、「～のために」という意味になります。英語のforに近い用法です。

例 為二天下一興レ利除レ害。
読み 天下の為に利を興し害を除く。（『史記』）
意味 世の中のために役に立つことを行い、有害なものを取り除く。

高得点めざしてレベルアップ！

▼「為」を「なス」と読む場合、「為レ□ヲ」（□をする・行う）か「為レ□ト」（□とする・考える）かで意味が変わります。「為」の直前の送り仮名にも注意しましょう。

▼「為」には受身の助動詞「る・らル」（～される）の用法もあります。（↓62ページ 受身形①）

3 「有」「在」の用法

「有」と「在」はどちらも「あり」と読む動詞ですが、用法には違いがあります。**語順に注意**しましょう。

有

「有」は、英語のhaveに似た用法の語で、「場所・範囲＋有＋物・人」のような語順になります。

例 日本ニ有リ二富士山一。（場所・範囲＝日本／物・人＝富士山）

例 宅辺ニ有リ二五柳樹一。（場所＝宅辺／物＝五柳樹）

読み 宅辺に五柳樹有り。（陶潜「五柳先生伝」）

意味 家の周辺に五本の柳の木があった。

例 宋人ニ有リ二耕スレ田ヲ者一。（範囲＝宋人／人＝耕田者）

読み 宋人に田を耕す者有り。（『韓非子』）

意味 宋国の人の中に田畑を耕している人がいた。

在

「在」は、英語のexist（存在する）に似た用法で、「物・人＋在＋場所・範囲」のような語順になります。

例 富士山ハ在リ二日本一。（富士山＝物・人／日本＝場所・範囲）

例 沛公ノ兵十万在（あ）リ二覇上一。（沛公ノ兵十万＝人／覇上＝場所）

読み 沛公（はいこう）の兵十万（へいじふまん）覇上（はじやう）に在（あ）り。『史記』

意味 沛公の軍勢十万人が覇水（はすい）（＝川の名）のほとりにいた。

例 命ハ在（あ）リレ養フニレ民ヲ。（命＝物／養フニ民ヲ＝範囲）

読み 命（めい）は民（たみ）を養（やしな）ふに在（あ）り。『春秋左氏伝』

意味 （私の）天命は人民を豊かにすることにある。

高得点めざしてレベルアップ！

▼「有」の対義語である「無」も、「有」と同じ語順になります。（↓74ページ 否定形③）

▼「有」を存在の意味で用いるときは、新しい話題として「人」や「物」を提示する働きになります。

4 「以」の用法

前置詞の働きをする語の中では**「以」**がよく使われます。「以」にはいろいろな用法があり、入試でもしばしば出題されるので、基本的な用法と、その応用を確認しておきましょう。

以テ二［名詞］ヲ一［述語］(ス)

「以」の基本となる形です。「以」の読み方は「**もつテ**」ですが、意味は「**〜を**」(**目的語の倒置**)、「**〜で・〜によって**」(**手段・方法**)、「**〜によって・〜を理由に**」(**原因・理由**)などさまざまです。**文脈・文意から用法を判断**しましょう。

㊀ 具ニ以テ二沛公之言ヲ一報ズ二項王ニ一。

読み　具に沛公の言を以て項王に報ず。(『史記』)

意味　くわしく沛公の言葉を項王に報告した。**【目的語の倒置】**

㊀ 以テレ徳ヲ報ユレ怨ミニ。

読み　徳を以て怨みに報ゆ。(『論語』)

意味　恩徳で恨みに仕返しをする。**【手段・方法】**

㊀ 不下以テレ人ヲ廃セレ言ヲ上。

読み　人を以て言を廃せず。(『論語』)

意味　人物によって言葉を無視することはしない。**【原因・理由】**

以テレAヲ為スレBト

「AをBとする（みなす・考える）」という意味になる形で、「A＝B」の関係が成り立ちます。Aの部分が省略されて「以テ為スレBト」となることもあります。

例 爾ハ以テ(もつテ)レ玉ヲ為ス(なス)レ宝ト。

読み 爾(なんぢ)は玉(ぎよく)を以(もつ)て宝(たから)と為(な)す。（『春秋左氏伝』）

意味 おまえは宝玉を宝物と考えている。

高得点めざしてレベルアップ！

▼「述語(スル)ニ以テス(もつテス)名詞ヲ」は「以テ(もつテ)ニ名詞ヲ述語ス」の述語が「以テ名詞ヲ」の前に来る倒置形です。読み方は「述語（する）に名詞を以てす」となりますが、「以テ(もつテ)ニ名詞ヲ述語ス」と意味は同じです。

例 報ユルニレ怨ミニ以テス(もつテス)レ徳ヲ。

読み 怨(うら)みに報(むく)ゆるに徳(とく)を以(もつ)てす。（『老子』）

意味 恩徳で恨みに仕返しをする。【手段・方法】

▼「以テ為スニ——ト」の「以為」を一つの動詞として「以為(おもへらく)」と読むこともあります。その場合、「以為(おもヘラク)——ト」（——と考える）という形になります。

▼「以」には、「述語(シ)テ以テ(もつテ)述語(ス)」のように、述部と述部をつなげる接続語の用法もあります。その場合、返読はせず、「それで」「そして」と訳します。

3 読解で問われる頻出語

5 「所」「所以」の用法

「所」「所以」は、あとに**動詞**を伴い「～すること」「～するもの」などの意味を表します。

所（ところ）

A ノ 所（ところ）ニ［動詞］（スル）

「所」はあとに［動詞］を伴って「Aが［動詞］すること・もの・人・場所」などの意味になります。さらにそのあとに［名詞］が置かれて「A ノ 所（ところ）ニ［動詞］（スル）［名詞］」の形になると、あとの［名詞］**を修飾して「Aが［動詞］する［名詞］」**の意味になります。Aは［動詞］の主語にあたりますが、省略されることもあります。

例 此レ非ズ二人ノ所（ところ）レ為（な）ス一。

読み 此（こ）れ人（ひと）の為（な）す所（ところ）に非（あら）ず。（『史記』）

意味 これは人が行うことではない。

例 此レ吾ガ亡児之所（ところ）レ失フ物也。

読み 此（こ）れ吾（わ）が亡児（ぼうじ）の失（うしな）ふ所（ところ）の物（もの）なり。（『晋書』）

意味 これは私の死んだ子供がなくした物である。

所以(ゆゑん)

A ノ 所以(ゆゑん) 動詞(スル)

「所以」はあとに動詞を伴って「Aが動詞する原因・理由・手段・方法・こと・もの」などの意味になります。また、そのあとに名詞を伴い「Aノ所以(ゆゑん)動詞(スル)ニ名詞ヲ」となると、名詞はふつう動詞の目的語になります。Aは動詞の主語にあたりますが、省略されることもあります。

例 此レ吾ノ所以(ゆゑん)不ル受ケ也。

読み 此(こ)れ吾(われ)の受(う)けざる所以(ゆゑん)なり。(『列子』)

意味 これが私が受け取らなかった理由である。【原因・理由】

例 法令ハ所以(ゆゑん)導クレ民ヲ也。

読み 法令(はふれい)は民(たみ)を導(みちび)く所以(ゆゑん)なり。(『史記』)

意味 法令は人民を導く手段である。【手段・方法】

高得点めざして レベルアップ！

▼「A ノ 所(ところ)ニ 動詞(スル)」や「A ノ 所以(ゆゑん) 動詞(スル)」のあとに、「者」が付いて、「Aノ所(ところ)ノ動詞(スル)者(もの)」や「Aノ所以(ゆゑん)ノ動詞(スル)」者(もの)」という形になることもありますが、この「者」は訳出する必要はありません。

3 読解で問われる頻出語

6 提示の「者」「也」の用法

「者」「也」には、文中で主題や話題を提示する用法があります。

者

述語のあとに付いて「━━者(スル)もの」と読み、「━━すること・もの・人・場合」などの意味を表します。
また、主語のあとに付く場合は「者は」と読み、主語を明示します。

例 士ハ為ニ知ル己ヲ者もののニ死ス。
（主語：士　述語：為／知　目的語：己　述語：死）

読み 士しは己おのれを知しる者ものの為ために死しす。（『史記』）

意味 立派な人物は自分を理解してくれる人のために命を捨てる。

例 兵者は、凶器也。
（主語：兵）

読み 兵へいは、凶器きょうきなり。（『孫子』）

意味 戦争とは、不吉な手段である。【主語の明示】

也

文末で述語のあとに付いて「――也（なり）」と読み、「――である」と訳します（↓30ページ　**置き字①**）。また、文中で主語のあとに付く場合は「也（や）」と読み、**主語や話題を明示**します。

例　義ハ人ノ路也。（述語：人路）
読み　義は人の路なり。（『孟子』）
意味　義とは人が行うべき道理である。

例　人之生マルルや也、柔弱ナリ。（主語：人之生）
読み　人の生まるるや、柔弱なり。（『老子』）
意味　人が生まれたときは、か弱いものである。**【主語の明示】**

高得点めざして
レベルアップ！

▼「者」は「有」と組み合わせて「**有リ**――（スル）**者**」の形になることが多く、訳は「――する**人がいる**」と訳します。（↓136ページ　**「有」「在」の用法**）

▼「也」はもともと意味の切れ目を示す文字で、今でいう句読点に近い使われ方をしていました。そのため、読まないこともあります。

▼「也」は、疑問・反語の助詞として文末に付き、「や」と読むこともありますが、その場合、「何（なんゾ）」などの疑問詞と一緒に用いられるのが基本です。**「也」が単独で疑問・反語形を作ることはほとんどありません。**（↓90ページ　**疑問形・反語形①**）

▼主語を示す「也（や）」を使った詠嘆形に「述語 哉（かな）、主語 也（や）」という形があります。これは主語と述語をひっくり返した倒置形で、「述語だなあ、主語は」と訳します。（↓102ページ　**疑問形・反語形⑥**）

練習問題 14

1 次の文が〈 〉内の解釈になるように返り点を付けるとどうなるか、適当なものを①～③から選べ。

学不可以已。（『荀子』）

〈学問は中断してはならない。〉

① 学不レ可二以已一。　② 学不レ可レ以レ已。　③ 学不レ可以已。

2 (1)・(2)の各文の解釈として適当なものを、各群の①～③から選べ。

(1) 富ト与レハ貴是レ人之所レ欲スル也。（『論語』）

① 裕福さは高位の人に味方して手に入れるものである。

② 裕福さと高い地位とは人が望むものである。

③ 裕福なこの人は高い地位を他者に与えようとしている。

(2) 吾以レテ女（なんぢ）ヲ為レス死セリト矣。（『論語』）

① 私はお前が死んだと思っていた。　② 私はお前と一緒に死にたい。

③ 私はお前のためにも死にはしない。

3 (1)・(2)の各文の□には、「有」か「在」が入る。〈 〉内の解釈を参照して、どちらか適当なものをそれぞれ選べ。

(1) 吾党□二直躬者一。（『論語』）

〈私の村に正直者の躬という人がいる。〉

(2) 子□二川上一。（『論語』）

〈孔子は川のほとりにいた。〉

① 有　② 在

解説

1 「已」はここでは「やム」（やめる）という動詞なので、「**不レ可カラ二以テ**［述語］一」（［述語］できない・［述語］してはならない）の形になります。（↓133ページ） 答 ①

2 (1) 「**与**」は「**A与トB**」の形で主語の「富」と「貴」を並列しています。（↓134ページ）「人之所レ欲ホッスル」は「**A之所レ**［動詞］」の形で、「人が欲しがるもの」という意味になります。（↓140ページ）間の「是」は、ここでは指示語ではなく、主語を強調する働きをしています。 答 ②

(2) 「**以レ**女ヲ**為レ**死セリト」は「**以レAヲ為レBト**」（AをBとする・考える）の形なので、「おまえを死んだと考える」くらいの意味になります。（↓139ページ） 答 ①

3 (1)は「［場所］□［人］」なので「有」が入ります。(2)は「［人］□［場所］」なので「在」が入ります。（↓136ページ） 答 (1) ① (2) ②

読み **1** 学は以て已むべからず。**2** (1) 富と貴とは是れ人の欲する所なり。(2) 吾汝を以て死せりと為す。**3** (1) 吾が党に直躬なる者有り。(2) 子川上に在り。

和漢異義語

漢文と日本語で意味の異なる語を和漢意義語と言います。普段見慣れた言葉ほど、日本語の意味に引っ張られて誤解しやすいので注意しましょう。

遠慮
漢 遠い将来まで見通した深い考え
和 言葉や態度を控えめにふるまうこと

鬼
漢 死者の霊・鬼神
和 鬼（想像上の妖怪）

傾国
漢 絶世の美女 ＝傾城（けいせい）
和 遊女

故人
漢 旧友・昔なじみ
和 死んだ人

左右
漢 君主や高官の側近
和 右と左・身の回り

師
漢 軍隊・先生・模範・都
和 先生

城
漢 城壁・城壁で囲まれた町
和 城・城郭

小人
漢 徳のない取るに足りない人 読み セウジン
和 子ども

人間
漢 世間・俗世間 読み ジンカン
和 人・人類

成敗
漢 成功と失敗 読み セイハイ
和 処罰・裁き

粟
漢 穀物・俸禄 読み ゾク
和 （穀物の）あわ

大人
漢 有徳者・年長者 読み タイジン
和 成長した人・成人

馳走
漢 馬や馬車を駆って走ること
和 人をもてなすこと・もてなし

丈夫
漢 一人前の男子 読み ヂヤウフ
和 健康・頑丈

百姓
漢 人民・庶民 読み ヒヤクセイ
和 農民

迷惑
漢 道に迷うこと・心が迷うこと
和 厄介で困ること・面倒

4章

漢詩

4章では、漢詩の決まりについて整理しました。漢詩は、共通テストでも出題が見られます。漢詩には決まった形式があるので、しっかり確認しておきましょう。

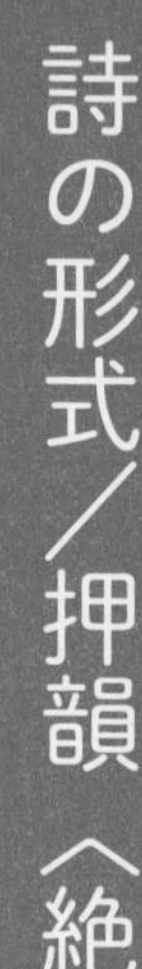

詩の形式

一句の字数……**5字**＝「五言詩（ごごんし）」／**7字**＝「七言詩（しちごんし）」

全体の句数……**4句**＝「絶句（ぜっく）」／**8句**＝「律詩（りっし）」／4・8句以外＝「古詩（こし）」

▼左ページの詩は、一句が7字（七言）、全体が4句（絶句）なので、「七言絶句」です。

▼4句や8句の古詩もありますが、入試漢文では4句＝絶句、8句＝律詩と考えればよいでしょう。

押韻（おういん）

偶数句末の音の響き＝「韻」を合わせることを「**押韻**」といいます。七言詩では偶数句末に加えて第1句末でも押韻します。「韻」を確認するには、**漢字を音読み**して、**ローマ字で表記**し、**頭の子音を取る**とわかりやすいでしょう。

▼左ページの詩では、第2句の末尾「新・シン」はshin、第4句の末尾「人・ジン」はjinとし、頭の子音を取り除くと、「in」が共通の「韻」と確認できます。七言詩なので、第1句の末尾の「塵・ジン」jinも押韻しています。

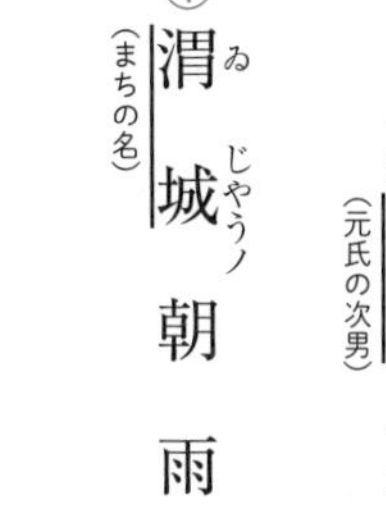

題名 送ル元（元氏の次男）二ノ使ヒスルヲ安西（辺境の地名）ニ

作者 王維（唐代の詩人）

① 渭（まちの名）城ノ朝雨浥シ軽塵ヲ
② 客舎（旅館）青青柳色新タナリ
③ 勧ム君ニ更ニ尽クセ一杯ノ酒
④ 西ノカタ出ヅレバ陽関（辺境につながる関所）ヲ無カラン故人（旧友）

押韻（偶数句末の音を合わせる）：塵・新・人

一句が7字、全体が4句の七言絶句だよ！

✤書き下し文

元二の安西に使ひするを送る　王維

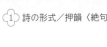

① 渭城の朝雨軽塵を浥し
② 客舎青青柳色新たなり
③ 君に勧む更に尽くせ一杯の酒
④ 西のかた陽関を出づれば故人無からん

✤現代語訳

元二が安西に使者として旅立つのを見送る　王維

① 渭城の朝の雨が舞い上がる砂ぼこりをしめらせ
② 旅館のまわりはどこまでも青く柳の色が鮮やかだ
③ 君に勧めよう　さらにもう一杯　酒を飲みほしたまえ
④ これから西方の陽関を出てしまえば酒を酌み交わす旧友もいないであろうから

2 対句〈律詩〉

これだけ！

対句

漢詩では、奇数句とその後の偶数句でまとまった意味を表しますが（↓152ページ**ポイント3**）、二つの句の**文の構造**が同じで**意味**の上での対応関係があるものを「**対句**」といいます。

▼「対句」では、対応する語の「品詞」が同じになると考えるとわかりやすいでしょう。

例
烽火（主語・名詞）連ナリ二（述語・動詞）三月一（目的語・名詞）
＝　＝　＝
家書（名詞）抵あタル二（動詞）万金一（名詞）

・「主語＋述語＋目的語」の構造や、「修飾語＋被修飾語」の関係も同じなので、**返り点**も基本的に同じになります。

・熟語の構成「烽火（烽（のろし）の↓火）」「家書（家族からの↓手紙）」といった「修飾語↓被修飾語」などの構造も同じになり、「三」と「万」など、数字の対応も見られます。

律詩では、第**3**句と第**4**句、第**5**句と第**6**句に**それぞれ対句**を用いる決まりがあります。左ページの詩では、第1句と第2句も対句になっています。

題名 春望（春の眺め）
作者 杜甫（唐代の詩人「詩聖」と呼ばれる）
①国破レテ山河在リ（国＝唐の国都、長安）
②城春ニシテ草木深シ（城＝まち、都市）
③感ジテハ時ニ花ニモ濺ギ涙ヲ
④恨ンデハ別レヲ鳥ニモ驚カス心ヲ
⑤烽火連ナリ三月ニ（烽火＝のろしの火）
⑥家書抵タル万金ニ（家書＝家族からの手紙）
⑦白頭掻ケバ更ニ短ク（白頭＝白髪頭）
⑧渾ベテ欲ス不ラント勝ヘ簪ニ（簪＝髪に冠をとめるピン）
対句
対句
対句
押韻（偶数句末の音を合わせる）
一句が5字、全体が8句の五言律詩だよ！

書き下し文

春望　杜甫

①国破れて山河在り
②城春にして草木深し
③時に感じては花にも涙を濺ぎ
④別れを恨んでは鳥にも心を驚かす
⑤烽火三月に連なり
⑥家書万金に抵たる
⑦白頭搔けば更に短く
⑧渾て簪に勝へざらんと欲す

現代語訳

春の眺め　杜甫

①都の長安は破壊されたが山河自然は依然として変わらない
②長安のまちは春たけなわで草木が深く茂っている
③時世に傷ついては麗しき花にも涙を注ぎ
④家族との別離を恨んでは美しい鳥の鳴き声にも心を痛ませる
⑤戦火ののろしは三月まで続き
⑥家族からの手紙は万金にも値する
⑦白髪頭をかきむしればさらに薄く短くなって
⑧まったく冠をとめるピンもとめられないほどになってしまった

3 漢詩解釈の3ポイント

ポイント1　構造や重要語句・句形を確認!

語順が変わると意味が変わってしまうのは漢詩でも同じです。**構造**に注意し、**重要語句・句形**も正しくおさえましょう。

ポイント2　作者が中心!

人間関係・目にする風景などへの視点は、すべて作者が中心です。主語が明示されていない場合は、**主語は作者です。**

ポイント3　2句連続の原則!

漢詩の**奇数句とそのあとの偶数句の意味のまとまり**を「**聯**(れん)」といって、漢詩を解釈するときには、この「聯」で考えます。奇数句に読点「、」・偶数句に句点「。」を付けるとわかりやすいでしょう。

題名 送別　作者 王維

P1 P2

①下レ馬飲二君酒一、（述語 目的語 述語 目的語 目的語）

②問レ君「何所レ之。」（述語 目的語）P1

P3

③君言「不レ得レ意、

④帰二臥南山陲一。」（山の名 終南山）

P2 P1

⑤「但去レ莫二復問一、

⑥白雲無二尽時一。」

P ポイント解説

【第1聯】

P1 主語は作者！ 述語＋目的語の語順。

P2 句形「何所―」（どこに―のか）」に注目！

【第2聯】

P3 「聯」で考える。第3句の「君言」が、第4句までかかっている。

【第3聯】

P2 作者が中心なので、「君」の言葉に応えて「私が応えて言う『ただ去れ～』」と解釈する。

P1 句形「莫二復―一（もはや―ない）」に注目！

◆書き下し文

送別　王維

①馬より下りて君に酒を飲ましめ
②君に問ふ「何れの所にか之く」と
③君は言ふ「意を得ざれば
④南山の陲に帰臥せん」と
⑤「但だ去れ復た問ふこと莫し
⑥白雲尽くる時無からん」

◆現代語訳

送別　王維

①私は馬から下りて君に酒を飲むよう勧め
②君に問う「どこに行こうというのか」と
③君は言う「思うようにならないから
④終南山のほとりに落ち着こうと思う」と
⑤（私は応えて言う）「ただ立ち去りたまえ、もはや問うこともあるまい
⑥（あなたの隠棲する終南山では）白雲が尽きることはないであろう」と

ここでは古詩に、赤でカギカッコ「」や「、」「。」を補っているよ。

練習問題 15

次の五言律詩を読んで後の問いに答えよ。

夜宴ス二左氏ノ荘ニ一　　杜甫

風林繊月落チ　衣露浄琴張ラル
暗水ハ流レ二花径ニ一　春星ハ帯ブ二草堂ヲ一
検(しら)ブレバレ書ヲ焼キテレ燭(しょく)ヲ短ク　［ A ］
詩罷(や)ミテ聞キ二呉詠ヲ一　扁(へん)舟(しう)意不レ忘レ

（注）○左氏荘――左氏の別荘。　○繊月――細い月。　○衣露――衣服に降りた夜露。　○張――奏でられる。
○暗水――暗がりを流れる川。　○花径――花咲く小道。　○草堂――わらぶき屋根の建物。　○燭――ろうそく。
○呉詠――呉の地方の歌。　○扁舟――小舟。

問 空欄［ A ］を補うのに適当なものを、①～⑤から選べ。

① 浮雲遊子ノ意　　② 看(み)レバレ剣ヲ引キテレ盃(さかづき)ヲ長シ　　③ 山ハ青クシテ花ハ欲スレ然(も)エント
④ 何(いづ)レノ処ニカ得タル二秋霜ヲ一　　⑤ 向ヒテレ晩(くれ)ニ意不レ適(かな)ハ

詩の形式を確認して、**押韻**と**対句**に着目して考えます。

空欄 A は第6句です。漢詩は**偶数句末**で**押韻**し、空欄 A の末尾の一字も押韻しているはずなので、まず、韻を確認します。第2句末「張chou」・第4句末「堂dou」・第8句末「忘bou」なので、共通の韻は「ou」とわかります。選択肢末尾の読みを確認すると韻が「ou」になるのは、②「長chou」と④「霜sou」です。

また、**律詩**では第5句と第6句は**対句**になります。対句の場合、返り点は基本的に同じなので、第5句「検レ書焼レ燭短」と対句になるのは、②「看レ剣引レ盃長」です。

答 ②

書き下し文・現代語訳

夜左氏の荘に宴す　**杜甫**

夜に左氏の別荘で宴会をする

風林織月落ち

風吹きわたる林に細い月が沈み

衣露浄琴張らる

夜露が衣服に降りるころには清らかな琴が奏でられる

暗水は花径に流れ

暗がりの川は花咲く小道にそって流れ

春星は草堂を帯ぶ

春の星たちは草堂を包みこむように瞬いている

書を検ぶれば燭を焼きて短く

書物を調べているとろうそくは燃えて短くなり

剣を看れば盃を引きて長し

刀剣を鑑賞していると酒を何杯も重ねてしまう

詩罷みて呉詠を聞き

詩を作るのを終えたところに呉の地方の歌が聞こえてきて

扁舟意忘れず

小舟に乗って呉を旅していたときのことが思い出され忘れられない

漢文ミニ知識 4

漢詩の世界

漢詩の決まりを覚えたら、次はぜひ内容を鑑賞しましょう。背景がわかれば、奥深い「漢詩の世界」を存分に味わうことができます。

ランドマーク「黄鶴楼」

東京のスカイツリーや京都の清水寺のように、中国のまちにもそれぞれランドマークがあります。江南地方の武漢というまちにあるのは「黄鶴楼」という三国時代に呉の孫権によって建てられた楼閣です。唐の李白の「黄鶴楼にて孟浩然の広陵に之くを送る」という詩に詠われていることでも有名です。もともとは軍事目的で建てられたようですが、唐代にはすでに観光目的の名勝となっていました。この黄鶴楼には次のような言い伝えがあります。

武漢のまちに居酒屋を営む辛さんという人がいました。あまりパッとしない流行らない店でしたが、この辛さんは気のやさしい人で、ある時から店にやって来るようになった身なりの貧しいおじいさんに、ただでお酒を飲ませてあげていました。それが半年も続くと、そのおじいさん、「あなたには世話になったから、お礼をしたい」と、みかんの皮でお店の壁に鶴の絵を描き上げてしまいました。この鶴の絵が不思議なことに、居酒屋の客が歌ったり手拍子したりすると、それに合わせて踊るのです。もの珍しさに客が押し寄せ、店は大繁盛し、辛さんは巨万の富を手に入れたのでした。ある日また、おじいさんが店を訪れ、「そろそろ返してもらおうか」と、壁の中から鶴を取り出し、その鶴に乗って何処かに飛び去ったのでした。おじいさんは仙人だったのです。富豪になった辛さんは記念にと黄鶴楼を建立したのでした。

この言い伝えは、唐の詩人、崔顥の「黄鶴楼」という作品の中で「昔人已に黄鶴に乗って去り　此の地空しく余す黄鶴楼」と詠われています。

5章

おさえておきたい重要語

5章では、入試によく出る重要語を品詞等で分類して整理しました。覚えやすいよう、似た意味の語をまとめて示しています。読みが問われる語も多いので、読みと意味をあわせて覚えましょう。

■＊以下に、参考事項を示した。
■＝以下は、見出し漢字以外に同じ意味で使われる漢字。
■「　」に入れて示した熟語は、見出し漢字・意味を使った熟語の例。
■読みが複数ある見出し語では、読みを見出し語下の（　）に入れて示した。

1 名詞

君子(くんし)　才能と徳を備えた立派な人

聖人(せいじん)　高い才能と徳を備えた理想的な人

対義語

小人(せうじん)　徳のないつまらない人・わたし（一人称）

匹夫(ひつぷ)　身分の低い者・取るに足りない者・庶民

上(しやう)　君主・皇帝　↓128ページ練習問題13

関連語

天帝(てんてい)　万物を創造し支配する神・造物主

左右(さいう)　君主の側に仕える臣下・側近・侍臣　↓60ページ練習問題4・88ページ練習問題7

百姓(ひやくせい)　人民・庶民

類語

布衣(ふい)　無位無官の者・庶民　＊粗末な布の衣を着ている人の意から

客(かく)　他郷から来た人・客人・旅人・食客（私的な家来）

遊子(いうし)　旅人

丈夫(ぢやうふ)　一人前の男子　＊「夫(ふ)」は「おとこ・おっと」の意

大丈夫(だいぢやうふ)　立派な男子

不肖(ふせう)　愚か・愚か者　＊すぐれた父祖に「肖(に)ていない」の意から

故人(こじん)　昔なじみ・旧友

人間(じんかん)　人の世・世間　＊「ニンゲン」ではないので注意！

命(めい)　命令・運命・天命・生命

性(せい)　生まれつき・本性

為人(ひとトなり)　人柄・人格

兵(へい) 兵士・軍隊・武器・戦争

干戈(かんくわ) 戦争 ＊「干」は「盾(たて)」、「戈」は「矛(ほこ)」

城(じやう) 城壁をめぐらした都市・まち

期年(きねん) まる一年 ↓37ページ**練習問題2** **4** (1)

2 人称代名詞・呼称

★一人称の語

予(よ)**・余**(よ) わたし

僕(ぼく) わたし ＊「僕」には「下僕・召使い」の意味もある

朕(ちん) わたし ＊皇帝が用いる ↓128ページ**練習問題13**

寡人(くわじん) わたし ＊「(徳が)寡(すくな)い人」の意から謙譲表現として王や諸侯が用いる

臣(しん) わたし ＊(主君に対して)臣下・人民が用いる

妾(せふ) わたし ＊女性が用いる

某(それがし) わたし ＊「某(なにがし)」と読むと「誰それ」の意味

★二人称の語

汝(なんぢ) おまえ ＝女(なんぢ)・若(なんぢ)・爾(なんぢ) ↓144ページ**練習問題14** **2** (2)

小子(せうし) おまえ・おまえたち ＊師匠が弟子を呼ぶ時に用いる

子(し)**・夫子**(ふうし) あなた・先生

君(きみ) あなた

卿(けい) あなた

公(こう) あなた

3 副詞

蓋（けだシ）　思うに（〜だろう）・そもそも

自（ラ）
（みづから）　自分で・自分から・自分で自分を
（おのづから）　自然に・当然・もともと

注意　自（より）　―から　＝従（より）・由（より）
↓69ページ練習問題5・112ページ練習問題10・128ページ練習問題13

相（あヒ）　相手を・相手に・相手と　＊音読みは「サウ」

相（あヒ）　相互に・ともに　＊主語が複数の時　＊音読みは「サウ」

注意　相（しやう）　宰相・大臣　↓118ページ練習問題11

倶（ともニ）　一緒に・どちらも・そろって・すべて

尽（ことごとく）　すっかり・全部・みな　＝悉（ことごとく）

甚（はなはダ）　非常に・たいそう　＝太（はなはダ）　↓112ページ練習問題10

遍（あまねく）　すみずみまで・どこでも　＝普（あまねく）・周（あまねく）・偏（あまねく）　「普及」「周知」

尤（もつとモ）　とりわけ・特に

殊（ことニ）　とりわけ・特に

至（いたツテ）　この上なく・極めて

具（つぶさニ）　くわしく・十分に

窃（ひそカニ）　こっそりと・心の中で　＝私（ひそカニ）・密（ひそカニ）・陰（ひそカニ）・間（ひそカニ）

適（たまたま）　偶然に・思いがけず　＝偶（たまたま）・遇（たまたま）

注意　適（ゆク）　〜に行く　＝之（ゆク）・如（ゆク）

数（しばしば）　たびたび　＝屢（しばしば）

注意　数（せム）　（罪を数えあげて）責める

固（もとヨリ）　もちろん・もともと　「固有」

素（もとヨリ）　日頃・まえまえから　「平素」「素行」

猶（なホ） やはり・まだ

尚（なホ） やはり・まだ・そのうえ

注意 尚（たつとブ） 尊ぶ

毎（つねニ） いつも ↓118ページ練習問題11

注意 毎（ごとニ） ―（する）たびに

嘗（かつテ） 以前・あるとき ＝曽（かつテ）

忽（たちまチ） 突然に・急に 「忽然（こつぜん）」

注意 忽（ゆるがせニス） おろそかにする 「粗忽（そこつ）」

漸（やうやク） 次第に・だんだんと

方（まさニ） ちょうどそのとき ↓128ページ練習問題13

一日（いちじつ） ある日

一旦（いったん） ある朝・ある日・ひとたび

一夕（いっせき） ある晩

他日（たじつ） （それ以前の・その後の）ある日 ＝異日（いじつ）

4 動作・状態を表す語

悪
- （にくム） にくみきらう 「憎悪」 ＊音読みは「ヲ」
- （わるシ） わるい・醜い 「悪人」「醜悪」 ＊音読みは「アク」

注意 悪
- （いづクンゾ） どうして
- （いづクニカ） どこに・どこで・どこへ

↓93ページ ▼主な疑問詞

異
- （いナリ） 不思議だ・（普通とは違って）すぐれている
- （いトス） 不思議だと思う・すぐれていると思う

奇
- （きナリ） 不思議だ・（普通とは違って）すぐれている
- （きトス） 不思議だと思う・すぐれていると思う

易
（かフ・かハル）かえる「交易」・かわる「変易」＊音読みは「エキ」
（やすシ）やさしい・たやすい「容易」＊音読みは「イ」
↓54ページ練習問題3

患
（うれフ）心配する・思い悩む
（わづらフ）病気になる・思い悩む

過
（すグ）通り過ぎる・度を越す・すぐれる
（よぎル）立ち寄る・訪れる
（あやまツ）まちがえる
注意 過（あやまチ）まちがい「過失」

挙（あグ）持ち上げる・挙げる・（人材を）用いる
注意 挙（あゲテ）みな・すべて・こぞって「挙国」

見
（みル）目に入る・見える・会う「会見」
（まみユ）（貴人に）お目にかかる・会う「謁見」
（あらはル）あらわれる「露見」
（あらはス）あらわす
注意 見（る・らル）＝される ↓62ページ受身形①

事
（つかフ）仕える「師事」
（ことトス）専念する・従事する

辞（じス）
やめる「辞職」
ことわる「固辞」「辞退」
別れを告げる「辞去」
注意 辞（じ）ことば「辞書」

謝（しやス）
礼を言う「感謝」
あやまる「謝罪」
ことわる「謝絶」

釈
（とク）説明する・説き明かす「解釈」
（ゆるス）ゆるす「釈放」
（すツ）手放す

少
（すくなシ）少ない
（わかシ）若い「年少」
寡（すくなシ）少ない
対義語
衆（おほシ）多い

称
（となフ）となえる・呼ぶ・言う「呼称」
（たたフ）誉める・たたえる「称賛」
（かなフ）つり合う・適合する「対称」

勝
（かツ）勝つ
（まさル）すぐれる「景勝」
（たフ）がまんする・耐える　＝堪（たフ）
注意　勝（あゲテ）すべて・のこらず・すっかり

対（こたフ）（目上の人に）お答えする「応対」
注意　対（こたヘテ）曰（いハク）お答えして言う　↓55ページ練習問題3

致（いたス）
送りとどける「送致」
招きよせる・来させる「誘致」「招致」
成しとげる

中
（あタル）あたる「中毒」「命中」
（あツ）あてる

長（ちゃうズ）
育つ「成長」　↓82ページ練習問題6
すぐれる「長所」

道（いフ）言う「報道」

白（まうス）申し上げる「敬白」・告げる「告白」

啓（まうス）申し上げる「啓上」

負
（まク）まける「勝負」
（そむク）そむく・うらぎる　＝背（そむク）・北（そむク）
（おフ）背負う・ひきうける「負担」
（たのム）頼る「自負」

服（ふくス）
身につける「着服」
従う「服従」
感心する「感服」
（薬を）飲む・（食べ物を）食べる「服用」

弁（べんズ）
わける・区別する「弁別」
処理する
説き明かす「弁舌」

遊（あそブ）
旅に出る「周遊」　＊「遊子（いうし）」＝旅人
出かける「遊学」
付き合う「交遊」

5 用法の多い語

与

（あたフ）与える「贈与」

（あづかル）関わる「関与」

（くみス）味方する「与党」

（ともニ）一緒に

（～と）～と（一緒に）　＊「与(と)～ニ」の形で返読する　↓82ページ練習問題6・144ページ練習問題14 2 (1)

（～より〔ハ〕）～より（は）　↓109ページ▼選択形

（や・か）～か　↓90ページ疑問形・反語形①

為

（なル・なス）なる・する

（つくル）作る

（をさム）治める

（ためニ）～のために　＊「為(ために)～ニ」の形で返読する

（たリ）～である

（る・らル）～される　↓62ページ受身形①

↓134ページ多義語「与」「為」の用法

已

（すでニ）もうすでに　＝既(すでニ)　↓36ページ練習問題2 2

（やム）終わる・やめる・病気が治る

（のみ）～だけ　＝耳(のみ)・爾(のみ)　↓114ページ限定形・累加形①

注意　已而(すでニシテ)　その後まもなく・ほどなくして　＝既而(すでニシテ)

之

（これ）これ　＊動詞の目的語として

（の）の　＊助詞

（ゆク）～に行く　＝行(ゆク)・如(ゆク)・適(ゆク)

如・若

（もシ）もし（～ならば）　↓124ページ仮定形・願望形①

（ごとシ）～のようだ・～のとおりだ　↓60ページ練習問題4

（しク）～に及ぶ　↓106ページ比較形・最上形①

注意　如(ゆク)　～に行く　＝行(ゆク)・之(ゆク)・適(ゆク)

若(なんぢ)　おまえ　＝汝(なんぢ)・女(なんぢ)・爾(なんぢ)

如(ごとシ)レ此(かクノ)　このようである　↓118ページ練習問題11

＝若(ごとシ)レ此(かクノ)・如(ごとシ)レ是(かクノ)・若(ごとシ)レ是(かクノ)・如(ごとシ)レ之(かクノ)・若(ごとシ)レ之(かクノ)

故

- （ゆゑ） 理由
- （ゆゑニ） だから
- （ふるシ） 古い
- （もとヨリ） 以前から ＊「如（ごとシ）故（もとノ）」以前のとおり
- （ことさらニ） わざと・わざわざ 「故意」
- （こと） 事件・災い 「事故」

且

- （かツ） そのうえ・また
- （しばらク） とりあえず・一時的に ＝暫（しばらク）・姑（しばらク）
- （まさニ～ントす） いまにも～しようとする →42ページ再読文字②

注意 A（スラ）且（かツ）～ Aでさえ～ →120ページ抑揚形

6 接続語

★「すなはチ」と読む接続語

則（すなはチ）
- ～（バ）則（すなはチ）… ～ならば…・～すると… ＊仮定条件を受ける
  - ～ので… ＊確定条件を受ける
  - →88ページ練習問題7・94ページ練習問題8
- ～（ハ）則（すなはチ）… ～は… ＊主語などを示す

即（すなはチ） すぐに・そのまま・とりもなおさず
便（すなはチ） たやすく・すぐに・そのまま
乃（すなはチ） そこで・やっと・かえって・なんと
輒（すなはチ） そのたびに・いつも・すぐに

★「つひニ」と読む接続語

遂（つひニ） こうして・そのまま・その結果 →122ページ練習問題12
終（つひニ） 結局・とうとう ＝卒（つひニ）・畢（つひニ）・竟（つひニ）

注意
- **遂**（とグ） なしとげる
- **終**（をフ）・**終**（をハル） 終える・終わる ＝卒・畢・竟
- **卒**（にはかニ） 急に・不意に ＝遽（にはかニ）・暴（にはかニ）
- **卒**（しゅつス） 死ぬ

★「また」と読む接続語

又（また）　そのうえ・さらに
亦（また）　〜も同様に・〜もやはり　↓68ページ練習問題5
復（また）　再び

★「而」を用いる接続語

而（しかうシテ）・而（しかシテ）　そして　＊順接
而（しかレドモ）・而（しかルニ）・而（しかモ）　しかし　＊逆接

注意　「而」は文中では置き字として読まないことが多い。　↓32ページ置き字②

★「然（しかリ）」を用いる接続語

然（しかラバ）　そうだとすれば
然（しかレバ）　そうであるから
然（しかレドモ）・然（しかルニ）　しかし・そうではあるが　↓68ページ練習問題5
然（しかリ）而（しかうシテ）　そうではあるが・そうであるから
然（しかラバ）則（すなはチ）　そうだとすれば
然（しかル）後（のちニ）　そうして後に・そこではじめて　＝而（しかル）後（のちニ）

是（ここヲ）以（もつテ）　こういうわけで・それで

於（おイテ）是（ここニ）　そこで

因（よリテ）　そこで　＊「よツテ」と読むこともある

今（いま）　ところが今・もし今・さて

初（はじメ）　ところで・話はもどって

★発語（句の頭で言い起こす）

夫（それ）　そもそも・いったい
且（かツ）　そのうえ・さらに・いったい
凡（およソ）　すべて・そもそも
蓋（けだシ）　思うに（〜だろう）・そもそも
抑（そもそも）　そもそも・いったい
将（はタ）　それとも

練習問題 16

1 傍線部「与」の読み方として適当なものを、①～⑤の中から選べ。（センター試験）

隋ノ田・楊与二鄭法士一倶ニ以テレ能クスルヲレ画ヲ名アリ。（『衡廬精舎蔵稿』）

① あづかりて　② より　③ くみして　④ と　⑤ あたへて

2 傍線部「自」と同じ読み方をするものを、①～⑤の中から選べ。（センター試験）

自レ是欣然トシテ以テ為二良ニ己之母一ナリト。（『篁墩文集』）

① 如　② 以　③ 毎　④ 従　⑤ 雖

解説

1 傍線部の「与」は、後に続く「倶」と合わせて「～と一緒に」の意味となるので、助詞として「と」と読みます。（↓164ページ） 答 ④

▼隋の田・楊鄭法士と倶に画を能くするを以て名あり。（隋の国の田と楊は鄭法士とともに、絵の技能が優れているので有名であった。）

2 「自」は返読するときは「より」と読み、起点を表す前置詞の働きをします。④「従」だけが同じ用法を持ちます。（↓160ページ） 答 ④

▼是より欣然として以て良に己の母なりと為す。（このときから（子猫は）喜んで本当に（老猫を）自分の母親であるとみなした。）

付録　基本句形一覧

◆一覧は「句形」「読み」「意味」の順で示した。◆＝以下は、同一の「句形」で使われる他の漢字。◆下部の数字は、2章での掲載ページ（太字は本項目）。◆活用語の活用形を（セ）＝未然形、（ス）＝終止形、（スル）＝連体形、（セヨ）＝命令形として示した。

分類	句形	読み	意味	ページ
1 再読文字	未ダ二—（セ）一ず	未だ—（せ）ず	まだ—しない・—しない	**40**
1 再読文字	将ニ二—（セ）ント一す	将に—（せ）んとす	今まさに—しようとする・今にも—しそうだ	42
1 再読文字	且ニ二—（セ）ント一す	且に—（せ）んとす	今まさに—しようとする・今にも—しそうだ	42
1 再読文字	当ニ二—（ス）ベシ一	当に—（す）べし	当然—すべきだ・きっと—にちがいない	**44**
1 再読文字	応ニ二—（ス）ベシ一	応に—（す）べし	きっと—にちがいない	**44**
1 再読文字	宜シク二—（ス）ベシ一	宜しく—（す）べし	—するのがよい	**46**
1 再読文字	須ラク二—（ス）ベシ一	須らく—（す）べし	—する必要がある・—しなければならない	**48**
1 再読文字	Aハ猶ホレBノごとシ	Aは猶ほBのごとし	AはまるでBのようだ・AはちょうどBと同じだ	**50**
1 再読文字	盍ゾ二—（セ）一ざル	盍ぞ—（せ）ざる	どうして—しないのか・—してはどうか・—するのがよい	**52**
2 使役形	使ム二Aヲシテ—（セ）一	Aをして—（せ）しむ	Aに—させる　＝令・教・遣・俾	**56**
2 使役形	命ジテレA二—（セ）シム一	Aに命じて—（せ）しむ	Aに命令して—させる	**58**
3 受身形	見ル二—（セ）一	—（せ）る・—（せ）らる	—される　＝被・為・所	**62**
3 受身形	為ル二Aノ所ト一レ□（スル）	Aの□（する）所と為る	Aに□される	**64**
3 受身形	□（セ）ラル二於A一ニ	Aに□（せ）る・Aに□（せ）らる	Aに□される	**66**
3 受身形	見ルレ□（セ）二於A一ニ	Aに□（せ）る・Aに□（せ）らる	Aに□される	67

4 否定形

分類	句形	読み方	意味	頁
単純否定	不（ず）二―（セ）一	―(せ)ず	―しない ＝弗	**70**
単純否定	非（あらズ）二―（ニ）一	―に非ず	―ではない ＝匪	**72**
単純否定	無（なシ）二―（スル）（コト・モノ）一	―(する)(こと・もの)無し	―がない ＝莫・勿・毋	**74**
単純否定	勿（なカレ）二―（スル）（コト）一	―(する)(こと)勿かれ	―してはならない ＝無・莫・毋	75
不可能	不（ず）レ可（べカラ）二―（ス）一	―(す)べからず	―できない・―してはならない	81
不可能	不（ず）レ能（あたハ）二―（スル）（コト）一	―(する)(こと)能はず	―できない	81
不可能	不（ず）レ得（え）二―（スル）ヲ一	―(する)を得ず	―できない	81
否定の連用	不（ずンバ）二―（セ）一不（ず）二…（セ）一	―(せ)ずんば…(せ)ず	―しないならば…しない	71
否定の連用	非（あらズンバ）二―（ニ）一非（あらズ）二…（ニ）一	―に非ずんば…に非ず	―でないならば…でない	
否定の連用	無（なクンバ）二―一無（なシ）二…一	―無くんば…無し	―がなければ…がない	
二重否定	莫（なシ）レ不（ざル（ハ））二―（セ）一	―(せ)ざる(は)莫し	―しないもの(こと)はない みな―する・必ず―する ＝無不	**76**
二重否定	無（なシ）レ非（あらザル（ハ））二―（ニ）一	―に非ざる(は)無し	―でないもの(こと)はない	77
二重否定	非（あらズ）レ無（なキニ）二―一	―無きに非ず	―がないのではない	
二重否定	非（あらズ）レ不（ざルニ）二―（セ）一	―(せ)ざるに非ず	―しないのではない	77
二重否定	無（なシ）三A（トシテ）不（ざルハ）二―（セ）一	Aとして―(せ)ざるは無し	どんなAでも―する	77
二重否定	未（いまダ）三嘗（かつテ）不（ずンバアラ）二―（セ）一（ず）	未だ嘗て―(せ)ずんばあらず	これまで―しなかったことがない いつも必ず―する	**78**

付録

4 否定形

分類	句形	書き下し	意味	頁
二重否定	不㆔必不㆓―㆒（セ）	必ずしも―(せ)ずんばあらず	必ずしも―しないとは限らない	
二重否定	不㆔敢不㆓―㆒（セ）	敢へて―(せ)ずんばあらず	どうしても―しないわけにはいかない	
二重否定	不ㇾ可ㇾ不㆓―㆒（セ）	―(せ)ざるべからず	―しなければならない	**80**
二重否定	不ㇾ能ㇾ不㆓―㆒（セ）	―(せ)ざる能はず	―しないわけにはいかない	81
二重否定	不ㇾ得ㇾ不㆓―㆒（セ）	―(せ)ざるを得ず	―しないわけにはいかない	81
部分否定	不㆓必―㆒（セ）	必ずしも―(せ)ず	必ずしも―するとは限らない ―する必要はない	**84**
部分否定	未㆓必―㆒（セ）	未だ必ずしも―(せ)ず	必ずしも―するとは限らない ―する必要はない	
部分否定	何必―（セ）ン（ヤ）	何ぞ必ずしも―(せ)ん(や)	どうして必ずしも―しようか(、いや、―するとは限らない)	
部分否定	不㆓常―㆒（セ）	常には―(せ)ず	いつも―するとは限らない	85
部分否定	不㆓尽―㆒（セ）	尽くは―(せ)ず	すべては―しない	85
部分否定	不㆓倶―㆒（セ）	倶には―(せ)ず	両方ともは―しない	85
部分否定	不㆓甚―㆒（セ）	甚だしくは―(せ)ず	それほどは―しない	85
特殊な否定形	不㆓敢―㆒（セ）	敢へて―(せ)ず	進んでは―しない・―しようとしない・決して―しない	**86**
特殊な否定形	不㆓復―㆒（セ）	復た―(せ)ず	もう二度と―しない	87
特殊な否定形	無ㇾA無ㇾB	Aと無くBと無く	AもBもどちらもみな	
特殊な否定形	無㆓A B㆒	ABと無く	AもBもどちらもみな	
特殊な否定形	不ㇾ可㆓勝―㆒（ス）	勝げて―(す)べからず	すべては―しきれない	
特殊な否定形	不ㇾ可ㇾ勝㆓―㆒（スル）ニ	―(する)に勝ふべからず	すべては―しきれない	

5　疑問形・反語形

疑問形

句形	読み	意味	ページ
―（スル）乎（か）	―(する)か	―するのか　＝哉・邪・耶・也・与・歟	90
可（べキ）ニ―（ス）一乎（か）	―すべきか	―できるのか・―してよいのか	
能（よク）―（スル）乎（か）	能く―(する)か	―できるのか	
得（うル）ニ―（スル）ヲ一乎（か）	―(する)を得るか	―できるのか・―してよいのか	
何（なんゾ）―（スル）乎（や）	何ぞ―(する)や	どうして―するのか　＝奚・胡・曷	92
何（なにヲカ）―（スル）	何をか―(する)	何を―するのか　＝奚・胡・曷	93
何（いづクニカ）―（スル）	何くにか―(する)	どこに・どこで―するのか　＝奚・胡・曷	93
何為（なんすレゾ）―（スル）	何為れぞ―(する)	どうして―するのか	93
何以（なにヲもつテ（カ））―（スル）	何を以て(か)―(する)	どうして―するのか・どうやって―するのか	93
何処（いづレノところカ）―（スル）	何れの処か―(する)	どこに・どこで―するのか	93
何時（いづレノときカ）―（スル）	何れの時か―(する)	いつ―するのか	93
誰（たれカ）―（スル）	誰か―(する)	誰が―するのか	93
孰（たれカ）―（スル）	孰か―(する)		
孰（いづレカ）―（スル）	孰れか―(する)	どちらが―するのか	93
安（いづクンゾ）―（スル）	安くんぞ―(する)	どうして―するのか　＝悪・焉・寧・烏	93
安（いづクニカ）―（スル）	安くにか―(する)	どこに・どこで―するのか　＝悪・焉	93
―ハ幾何（いくばくゾ）	―は幾何ぞ	―はどれほどか　＝幾	93・99

5　疑問形・反語形

反語形

句形	読み	意味	ページ
―乎	―(せ)んや	―しようか(、いや、―しない)　＝哉・邪・耶・也・与・歟	**90**
可二―一乎	―(す)べけんや	―できようか(、いや、―できない) ―してよかろうか(、いや、よくない)	91
能―乎	能く―(せ)んや	―できようか(、いや、―できない)	
得二―一乎	―(する)を得んや	―できようか(、いや、―できない)	
何―乎	何ぞ―(せ)んや	どうして―しようか(、いや、―しない)　＝奚・胡・曷	**92**
何―	何をか―(せ)ん	何を―しようか(、いや、何も―しない)　＝奚・胡・曷	93
何―	何くにか―(せ)ん	どこに―しようか(、いや、どこにも―しない)　＝奚・胡・曷	93
何為―	何為れぞ―(せ)ん	どうして―しようか(、いや、―しない)	93
何以―	何を以て(か)―(せ)ん	どうして――しようか(、いや、―しない)	93
何処―	何れの処か―(せ)ん	どこに―しようか(、いや、どこにも―しない)	93
何時―	何れの時か―(せ)ん	いつ―しようか(、いや、―しない)	93
豈―	豈に―(せ)ん	どうして―しようか(、いや、―しない)	93
誰―	誰か―(せ)ん	誰が―しようか(、いや、誰も―しない)	93
孰―	孰か―(せ)ん		
孰―	孰れか―(せ)ん	どちらが―しようか(、いや、どちらも―しない)	93
安―	安くんぞ―(せ)ん	どうして―しようか(、いや、―しない)　＝悪・焉・寧・烏	93
安―	安くにか―(せ)ん	どこに―しようか(、いや、―しない)　＝悪・焉	93
―幾何	―は幾何ぞ	―はどれほどか(、いや、どれほどもない)　＝幾	93・99

5　疑問形・反語形

分類	句形	書き下し	意味	ページ
いかん	—ハ何如	—は何如	—はどうだろうか【疑問】＝何若	96
いかん	—ハ如何セン	—は如何せん	—はどうすればよいのか【疑問】—はどうすればよかろうか(、いや、どうしようもない)【反語】＝若何・奈何	97
いかん	如—何セン	—を如何せん	—をどうすればよいのか【疑問】—をどうすればよかろうか(、いや、どうしようもない)【反語】＝若何・奈何	96
いかん	奈何ゾ—(スル)	奈何ぞ—(する)	どうして—するのか【疑問】＝如何・若何	97
いかん	奈何ゾ—(セン)	奈何ぞ—(せ)ん	どうして—しようか(、いや、—しない)【反語】＝如何・若何	97
特殊な疑問形	—ハ何也	—は何ぞや	—はどうしてか・—はどういうことか	98
特殊な疑問形	何為ル—ゾ	何為る—ぞ	どういう—か	
特殊な疑問形	—(スル)ヤ否ヤ	—(する)や否や	—するのか、しないのか　＝不	98
特殊な疑問形	—(スル)ヤ未ダシヤ	—(する)や未だしや	もう—したのか、まだ—していないのか	
特殊な疑問形	□(スル)カ諸レヲ	諸を□(する)か	これを□するのか　＝□之乎	
特殊な反語形	敢ヘテ不—(セ)ザラン(乎)	敢へて—(せ)ざらん(や)	どうして—しないことがあろうか(、いや、きっと—する)	100
特殊な反語形	何ノ□カ之レ有ラン	何の□か之れ有らん	どうして□があろうか(、いや、□はない)	100
特殊な反語形	得ン非ザルヲ—ニ(乎)	—に非ざるを得ん(や)	きっと—であるにちがいない	
特殊な反語形	得ン無キヲ—乎	—無きを得んや	きっと—があるにちがいない	
特殊な反語形	無カラン乃チ—(スル)(コト)乎	乃ち—(する)(こと)無からんや	むしろ—ではなかろうか	
推測形	豈ニ—(スル)乎	豈に—(する)か	もしかすると—ではなかろうか	103

付録

分類		句形	読み方	意味	ページ
5　疑問形・反語形	詠嘆形	嗚呼―	ああ―	ああ―(だなあ)	
		―乎	―(なる)かな	―だなあ　＝矣・哉	
		不㆓亦―㆒乎	亦た―(なら)ずや	なんと―ではないか	**102**
		豈不㆓―㆒乎	豈に―(なら)ずや	なんと―ではないか	103
		何―	何ぞ―(なる)	なんと―なことか	
		何其―也	何ぞ其れ―(なる)や	なんと―なことか	103
		―哉、A也	―(なる)かな、Aや	―だなあ、Aは	103
6　比較形・最上形	比較形	A不㆑如㆑B	AはBに如かず	AはBに及ばない・AよりもBのほうがよい　＝不若	**106**
		A□㆓於B㆒	AはBより(も)□(なり)	AはBより(も)□だ	**108**
	最上形	―莫㆑若㆑A	―はAに若くは莫し	―(について)はAに及ぶものはない・―(について)はAが一番だ　＝無如	**110**
		―莫㆑□㆓於A㆒	―はAより□(なる)は莫し	―(について)はAが一番□だ	111
		―莫㆑□㆑焉	―は焉より□(なる)は莫し	―(について)はこれが一番□だ	
	選択形	与㆓其A㆒不㆑若㆑B	其のA(せ)んよりはB(する)に若かず	AするよりはBするほうがよい	109
		与㆓其A㆒寧B	其のA(せ)んよりは寧ろB(せよ)	AするよりはむしろBのほうがよい	109
		寧B、無㆑A	寧ろB(す)とも、A(する)無かれ	たとえBしてもAするな	109
		与㆓其A㆒、孰㆓与B㆒	其のAよりは、Bに孰与れぞ	AとBとではどちらがよいか AよりはBのほうがよい　＝孰若	
		A孰㆓与B㆒	AはBに孰与れぞ	AとBとではどちらがよいか やはりAよりはBのほうがよい　＝孰若	109

付録

分類	句形	書き下し文	意味	ページ
7 限定形・累加形／限定形	唯(ただ)―耳(のみ)	唯だ―のみ	ただ―だけだ ＝惟・徒・但・特・直・只	114
	唯(ただ)―(ノミ)	唯だ―のみ	ただ―だけだ	115
	独(ひとり)A―(ノミ)	独りAのみ―	ただAだけが―	115
	―耳(のみ)	―のみ	―だけだ ＝爾・已・而已・而已矣	115
累加形	不(ず)唯(ただニ)A(ノミナラ)、而(しかうシテ)亦(また)B	唯だにAのみならず、而して亦たB	ただ単にAだけでなく、そのうえBでもある	116
	非(あらズ)唯(ただニ)A(ノミニ)、而(しかうシテ)亦(また)B	唯だにAのみに非ず、而して亦たB	ただ単にAだけでなく、そのうえBでもある	116
	豈(あニ)唯(ただニ)A(ノミナラン(ヤ))	豈に唯だにAのみならん(や)	どうしてただ単にAだけであろうか(、いや、Aだけでない)	117
8 抑揚形	A(スラ)且(かツ)―、(而)(しかルヲ)況(いはンヤ)B(ヲ)乎(や)	Aすら且つ―、(而るを)況んやBをや	Aでさえ―、ましてBは言うまでもない	120
	A(スラ)且(かツ)―、況(いはンヤ)於(おイテ)B(ニ)乎(や)	Aすら且つ―、況んやBに於いてをや	Aでさえ―、ましてBについては言うまでもない	121
	A(スラ)且(かツ)―、安(いづクンゾ)B(セン)哉(や)	Aすら且つ―、安くんぞB(せ)んや	Aでさえ―だ、ましてどうしてBすることがあろうか	
9 仮定形・願望形／仮定形	如(もシ)―(バ)、…	如し―ば、…	もし―ならば、… ＝若	124
	苟(いやしクモ)―(バ)、…	苟くも―ば、…	もし―ならば、…	125
	縦(たとヒ)―(トモ)、…	縦ひ―とも、…	たとえ―としても、…	
	雖(いへどモ)―(ト)、…	―と雖も、…	たとえ―としても、…・―であるけれども、…	125

分類	小分類	句形	書き下し	意味	頁
9　仮定形・願望形	仮定形	使（しメバ）ニA（ヲシテ）―一（セ）、…	Aをして―(せ)しめば、…	もしAが―したならば、…	
		微（なカリセバ）ニ―一、…	―微かりせば、…	もし―がなかったならば、…	
	願望形	願（ねがハクハ）―（セヨ）	願はくは―(せよ)	どうか―してください	126
		願（ねがハクハ）―（セン（コトヲ））	願はくは―(せ)ん(ことを)	どうか―させてください・―したいものだ	126
		請（こフ）―（セヨ）	請ふ―(せよ)	どうか―してください	127
		請（こフ）―（セン（コトヲ））	請ふ―(せ)ん(ことを)	どうか―させてください・―したいものだ	127
		庶幾（こひねがハクハ）―（セヨ）	庶幾はくは―(せよ)	どうか―してください	127
		庶幾（こひねがハクハ）―（セン（コトヲ））	庶幾はくは―(せ)ん(ことを)	どうか―させてください・―したいものだ	127
		欲（ほつス）ニ―一（セ）ント	―(せ)んと欲す	―したいと思う・―しようとする・今にも―しそうだ	127
10　その他	推量形	恐（おそラクハ）―（セ）ン	恐らくは―(せ)ん	多分―だろう	
		庶（ち）ニ幾（かカラン）―一（スル）ニ	―(する)に庶幾からん	多分―だろう	
	以A為B	以（もつテ）レA（ヲ）為（なス）レB（ト）	Aを以てBと為す	AをBとする(みなす・考える)	
		以（もつテ）為（なス）レB（ト）	以てBと為す	Bとする(みなす・考える)	
		以（お）為（もヘラク）B（ト）	以為へらくBと	Bとする(みなす・考える)	
	倒置法	□（スル）ニ以（もつテス）ニ―一（ヲ）	□(する)に―を以てす	―によって□する・―を□する	
		□（ヲ）之（こレ）―（ス）	□を之れ―(す)	□を―する	
		不（ず）ニ［代名詞］（ヲ）―一（セ）	［代名詞］を―(せ)ず	［代名詞］を―しない	
		―（ナル）哉（かな）、A也（や）	―(なる)かな、Aや	―だなあ、Aは	